Ferngesteuert?!

Anabel Ternès

Ferngesteuert?!

Hin zur digitalen Souveränität

 Springer

Anabel Ternès
Berlin, Deutschland

ISBN 978-3-662-62970-3   ISBN 978-3-662-62971-0   (eBook)
https://doi.org/10.1007/978-3-662-62971-0

Titelbild: Anabel Ternès von Hattburg
Planung/Lektorat: Marion Krämer

Springer ist ein Imprint der eingetragenen Gesellschaft Springer-Verlag GmbH, DE und ist ein Teil von Springer Nature.
Die Anschrift der Gesellschaft ist: Heidelberger Platz 3, 14197 Berlin, Germany

Danksagung

Seit vielen Jahren schreibe ich. Bücher oder Artikel, allein oder zusammen, Fachbücher oder Kinderbücher. Und jetzt ein Sachbuch. Das Thema liegt mir am Herzen und deshalb ist es weder Bibel geworden noch Wahlprogramm. Ich möchte mich bei allen Personen bedanken, die mir mit ihren Geschichten und Erlebnissen Pate für meine Beispiele gestanden haben. Ein besonderer Dank gilt Alexander Clausen für seine tatkräftige Mithilfe in der Finalisierungsphase.

Prolog

Entscheidungen treffen kann anstrengend sein. Deshalb neigen wir dazu, Entscheidungen zu vermeiden oder abzugeben. Das kann allerdings fatale Folgen haben.

Prolog: Menschinenwesen

„Igor?" Ich winke dem massigen Mann über seine beiden großen Bildschirme hinweg zu. „Darf ich dich kurz stören?"

Mit gelangweilter Geste zieht er sich die Kopfhörer von den Ohren und signalisiert mit einer knappen Handbewegung: Okay, wenn es sein muss.

Ich hatte Igor vor einigen Jahren als umtriebigen, energiegeladenen, kreativen jungen Mann kennengelernt: ein IT-Spezialist, wie ich ihn mir für mein Unternehmen nicht besser hätte vorstellen können. Kein Gadget war vor ihm sicher, er probierte alles aus. Ständig kam er auf neue Ideen und kniete sich mit Freude in Aufgaben hinein. Doch er hat sich verändert.

„Ich habe eine tolle Idee, über die ich mit dir reden möchte", ich bin so begeistert, dass die Worte förmlich aus mir herausprudeln. Währenddessen umrunde ich Igors Schreibtisch, damit uns beim Reden die beiden Bildschirme nicht im Weg sind. Dabei fällt mein Blick auf die beiden

Screens. Auf denen ist die Hölle los: Verwirrend viele Fenster sind geöffnet, im Sekundentakt blinken Text-Nachrichten auf, kleine gifs zappeln in jeder Ecke.

Fast bin ich erleichtert, als sich zumindest auf einem der beiden gerade der Bildschirmschoner einschaltet.

„Das ist ein schönes Bild.", sage ich lobend. „Was ist das?"

Igor antwortet genervt: „Keine Ahnung! Da musst du die App fragen, die mir alle fünf Minuten ein neues Bild rüberschickt."

Ich frage: „Das heißt, du suchst dir gar nicht selbst aus, was du auf dem Screen siehst?"

„Nö.", sagt er. „Ist mir zu stressig."

„Okay", erwidere ich verblüfft. „Aber die Chat-Nachrichten, die hier dauernd auf deinem Bildschirm reinfliegen: Die stressen dich nicht? Ich könnte mich gar nicht richtig konzentrieren ..."

„Geht schon.", brummelt er. „Nur wenn ich die nicht automatisch angezeigt bekomme, müsste ich den Chat ja immer wieder öffnen. Da habe ich keinen Bock zu."

„Aha", sage ich und denke: ‚Ja, Igor hat sich wirklich verändert. Aber vielleicht kann ich ihn wenigstens für meine Idee begeistern.'

Ich fange gerade an, meine Vorstellung zu schildern, als Igor mich unterbricht: „Warte mal kurz!"

Unser Praktikant hat gerade den Kopf hereingesteckt. Zu ihm sagt Igor wie abgehackt und betont dabei jede Silbe: „Thomas, bring den Monitor raus."

Ich brauche einen Moment, bis ich weiß, woran mich sein Sprachstil erinnert: Er spricht mit Thomas so, als würde er mit Alexa sprechen. Igor hatte mir mal erzählt, wie bequem er das findet. Er hatte es sich vor einiger Zeit für Zuhause gekauft.

„So,", sagt er gerade etwas gelangweilt zu mir, „was wolltest du loswerden?"

Ich räuspere mich und setze also noch einmal an. Ich bin wirklich begeistert von dieser Idee. Doch Igor hört sich meine Schilderung an, ohne die Miene zu verziehen.

Am Schluss frage ich ihn mit leuchtenden Augen: „Wäre doch cool, wenn wir das ausprobieren würden, nicht?"

In dem Moment vibriert sein Smartphone. Er wirft einen Blick auf das Display und antwortet ohne aufzusehen: „Weiß nicht, hab da keine Aktien drin. Du, jetzt nicht. Komm mal wieder. Meine App sagt gerade, dass ich jetzt zum Mittagessen muss."

Und bevor ich eine Antwort gefunden habe, steht er auf, packt seine Jacke und lässt mich stehen.

Aus Gründen der besseren Lesbarkeit und Verständlichkeit wird in diesem Werk das generische Maskulinum als geschlechtsneutrale Form verwendet.

Inhaltsverzeichnis

Kapitel 1: Funktionieren ist alles

Deutschland befindet sich im Klammergriff. Nicht erst seit der Corona-Krise hat sich ein beklemmendes Gefühl ausgebreitet. Wenn ich sie frage, wie es ihnen geht, antworten mir viele meiner Freunde und Bekannte: „Ich fühle mich alles andere als gut. Überall kann und soll ich nur noch funktionieren: im Unternehmen, im sozialen Leben, sogar zu Hause. Es ist anstrengend."

Ich habe mich gefragt, was diese Stimmung mit den Menschen und mit unserem Land macht. Ich denke, dass wir aktuell auf eine gefährliche Entwicklung zusteuern. Warum das so ist und wie wir das Ruder noch herumreißen können – das will ich mit Ihnen in diesem Buch ergründen.

Ich habe das Buch geschrieben, weil mir Deutschland wichtig ist. Und weil ich glaube, dass wir nicht mehr viel Zeit haben, diese Gesellschaft, wie wir sie kennen und schätzen, so weiterzuentwickeln, dass wir eine lebenswerte Zukunft schaffen – für uns und die nachfolgenden Generationen. Diese Zeit müssen wir nutzen!

© Der/die Autor(en), exklusiv lizenziert durch Springer-Verlag GmbH, DE, ein Teil von Springer Nature 2021
A. Ternès, *Ferngesteuert?!*, https://doi.org/10.1007/978-3-662-62971-0_1

Lassen Sie uns dafür gleich zur Eingangsfrage gehen: Woher kommt dieses Gefühl vieler Deutscher, dass es ihnen nicht gut geht und sie nur noch funktionieren können? Ist ihre Lage objektiv wirklich schlecht?

Kein Vergleich

Wenn Sie sich die statistischen Zahlen ansehen, kommen Sie schnell zu dem Schluss: Rein finanziell geht es vielen Menschen in Deutschland gut. Das gilt nicht nur im Vergleich mit Menschen in Entwicklungsländern sondern auch zum Beispiel mit Südeuropäern. Unser Durchschnittseinkommen ist höher, unsere Sicherheitslage besser, unsere soziale Absicherung größer und so weiter.

Und auch wenn wir die Entwicklung innerhalb von Deutschland ansehen: Es ist uns selten besser gegangen. Und wir hatten es – auch dank des technischen, speziell des digitalen Fortschritts – selten bequemer als in den letzten Jahren.

Doch die Gesichter der Menschen, die mir auf dem Weg zum Einkaufen, auf der Straße oder im Park begegnen, spiegeln das nicht wider. Die sind gezeichnet von Missmut, Unzufriedenheit und Angst. Und seit Corona erst recht. Die Verunsicherung ist gewachsen. Und mit ihr das Gefühl, funktionieren zu müssen, in einem Umfeld, das unsicher ist und nicht mehr bekannt. Sicher ist dann noch, den Vorgaben des Staates, den Vorgaben des Infektionsschutzes, den Vorgaben der Chefs, den Vorgaben, wie sie ihre Rolle in der Familie auszufüllen haben, zu folgen. Auch, wenn man sie nicht versteht.

Interessant ist dabei: Kaum einer sagt, dass er funktionieren *muss*. Die meisten haben das Gefühl, dass sie keine andere Möglichkeit haben. Funktionieren scheint ihnen alternativlos zu sein.

> Sie sagen, sie haben keine andere Möglichkeit als zu funktionieren.

So kompliziert

Ich habe Menschen in ganz Deutschland befragt, woher dieses Gefühl bei ihnen herrührt. Warum sie denken, dass sie nichts tun können, außer zu funktionieren. Der Tenor war immer derselbe: Alles sei so kompliziert geworden, dass sie nicht mehr wissen, was richtig ist. Sie sagen, dass sie alles richtig machen wollen, aber wie denn? Es erscheinen immer neue Anforderungskataloge, wie das „richtige" Leben aussieht. Die widersprechen sich sogar teilweise. Hilfe! Was stimmt denn nun?

Was ich auch sehr oft gehört habe ist, dass die Menschen einmal daran geglaubt haben, dass die Digitalisierung alles einfacher mache. Doch inzwischen haben sie festgestellt: Das stimmt nicht immer. Ein älterer Angestellter hat mir zum Beispiel erzählt: „Früher habe ich für die Steuererklärung wenige Formulare zugeschickt bekommen, die ich ausgefüllt und mit der Post zurückgeschickt habe. Das war noch zu schaffen. Heute muss ich mir ein kompliziertes Programm auf den Computer herunterladen, mich einlesen und die Formulare umständlich online ausfüllen. Das finde ich viel komplizierter. Ich komme kaum mehr damit klar."

Übersicht

Ablenkung
Jeder Fünfte arbeitet mit digitalen Tools weniger konzentriert.

Schulungsbedarf
Jeder Dritte benötigt digitale Weiterbildung.

Angst
17% haben Angst vor der digitalen Entwicklung.

Die sogenannte digitale Überforderung kann sich auf verschiedene Arten äußern (s. Abbildung oben: Die drei Anzeichen digitaler Überforderung sind Ablenkung, Schulungsbedarf und Angst (Sopra Steria 2016)):

1. Ablenkung: Einige digitale Hilfsmittel bewirken bei vielen Menschen, dass sie sich weniger gut konzentrieren

können und ineffizienter arbeiten – das Gegenteil ihres eigentlichen Zweckes.
2. Schulungsbedarf: Nicht jeder kann intuitiv mit digitalen Tools umgehen. Es muss immer verständlich in die Handhabung neuer Hilfsmittel eingeführt werden, um Frustration zu vermeiden.
3. Angst: Nicht schon wieder etwas Neues – der Mensch ist ein Gewohnheitstier und hat häufig Angst vor Veränderungen.

Selbst aus der Generation Z höre ich viele über die wachsende Kompliziertheit stöhnen, wie zum Beispiel über die Cookie-Abfragen: „Ständig werde ich aufgefordert, mich für irgendwelche Einstellungen zu entscheiden. Welche von den angebotenen Möglichkeiten ist denn jetzt die richtige? Die funktionellen, die statistisch sinnvollen, die kompletten? Und was ist, wenn ich nur das erste Feld ankreuze? Bekomme ich dann nur einen Teil der Website angezeigt? Und immer diese Box, wenn man die Seite aufmacht, das nervt einfach."

Viele beklagen sich auch über die ständig neue Software am Arbeitsplatz, das neue Betriebssystem, dessen Implementierung sie, so lange es geht, herauszögern, bis dann vieles nicht mehr funktioniert und sie es dann erst einmal verstehen müssen. Und neben allem gibt es dann auch noch die neuen Richtlinien, Datenschutz- und Sicherheitsvorkehrungen. Statt einfacher wird es ihnen zu viel, zu schnell, zu kompliziert. Und wenn dann auch noch der eigene Schreibtisch abgeschafft wird und der Arbeitsplatz jeden Morgen aufs Neue ausgesucht werden soll: Was soll daran einfacher sein als früher?

Alles ist so viel komplizierter heute.

So schnell so anders

Veränderungen hat es schon immer gegeben. Doch die Geschwindigkeit, mit der Neuerungen aufeinander folgen, das hat sich verändert in den letzten Jahren. Unglaublich viel wird in einem Tempo ersetzt, bei dem viele nicht mehr mitkommen. Wer hätte zum Beispiel gedacht, wie schnell die App im Handy die WELT am Sonntagstisch verdrängt? Oder dass einem virtuellen Sprachassistenten wie Alexa ganze Kaufentscheidungen überlassen werden?

Interessanterweise erscheinen diese Wechsel den meisten ganz normal: Warum nicht, wenn es doch so viel praktischer ist?

Mit dem Beispiel Alexa stoßen Sie und ich aber auf einen Punkt, der sehr wichtig ist. Dieser trägt über Umwege massiv zu diesem quälenden Gefühl bei, keine Chance mehr zu haben, als zu funktionieren. Denn Alexa ist ein gutes Beispiel dafür, dass unter anderem die vielen digitalen Helfer ihre zwei Seiten haben.

Übersicht

Digitale Tools können praktische Helfer sein, aber auch leicht überfordern, wenn der Wandel zu abrupt kommt. Bringen sie zu radikale Veränderungen in den Abläufen ihrer Nutzer mit sich, führt das zu gefühltem Kontrollverlust und Panik. Sie müssen so eingeführt werden, dass Nutzer

> daran wachsen und ihre Komfortzone vergrößern können.
> Die Komfortzone ist von einer Wachstumszone umgeben,
> an der die eigene Komfortzone vergrößert werden kann.
> Was zu weit entfernt, liegt in der Panikzone. Wer seine Kun-
> den mitnehmen und entwickeln möchte, macht dies am
> erfolgreichsten in kleinen Schritten (s. Abbildung oben: Das
> 3-Zonen-Modell. (Rassek 2020)).

Auf der einen steht das praktische Gerät: Es spielt als vir-
tueller Assistent für die ältere Dame im Lehnstuhl die
Lieblingsmusik ab oder ergänzt für den gestressten Vater
den Einkaufszettel. Auf der anderen Seite aber ist es ein
Gerät, von dem die Medien schreiben: „Achtung, damit
können Sie jederzeit abgehört werden. Wollen Sie das in
Ihrem Schlafzimmer stehen haben?". Und stimmt das
überhaupt oder schreiben das nur die Medien, um eine
Headline zu haben, die aufhorchen lässt? In digitalen Zeiten ist es mit dem Glauben an Wahrheiten komplexer geworden. Denn auch, wer sich nicht besser auskennt: Fake
News, davon haben die meisten schon gehört. Soviel gehört, dass sie nicht mehr wissen, wem oder was sie vertrauen dürfen.

Ein ähnlich zweischneidiges Schwert ist für viele der
Online-Lieferservice, und nicht nur der für das Essen:
Einerseits ist es ja superpraktisch, Essen nach Hause zu bestellen. Andererseits füllt die Werbung das E-Mail-Fach
und der Lieferwagen draußen verstopft die Straße. Was also
ist die richtige Wahl? Zuhause kochen, essen gehen oder
selbst abholen?

Drittes   Beispiel: die   flächendeckende   Video--
Überwachung auf öffentlichen Plätzen. Viele halten sie für
sinnvoll im Kampf gegen Kriminelle. Aber die Vorstellung,
dass sie selbst auch überwacht werden und nicht wissen,
was mit diesen Aufnahmen passiert, ist ihnen nicht sympathisch.

Viele Deutsche fühlen sich entsprechend mit jedem attraktiven Angebot, mit jeder technischen Neuerung noch mehr hin- und hergerissen: Sind die Errungenschaften der schönen digitalen Welt gut oder schlecht? Ist das Internet Segen oder Fluch? Und wie sollen sie jetzt entscheiden: Zugreifen oder ablehnen? Kann das nicht einmal jemand für mich entscheiden?

> Ist das Internet Segen oder Fluch?

Das Entscheidungsdilemma

Auf der einen Seite wollen Menschen gerne an Märchen glauben: Die gute Fee kommt und erfüllt ihnen ohne jede Gegenleistung drei Wünsche. Auf der anderen Seite haben sie in der Regel in ihrem Leben gelernt: Das funktioniert so nicht. Es gibt immer einen Haken.

Und so stürzen gerade die Veränderungen, die die digitale Welt mit sich bringt, die Menschen in ein Dilemma. Sie würden auf der einen Seite so gerne glauben, dass sie das Internet und die vielen technischen Annehmlichkeiten nichts kosten, weder Geld noch Privatsphäre noch sonst etwas. Doch auf der anderen Seite ist den meisten klar: Alles hat seinen Preis, auch Bequemlichkeit und Sicherheit.

Dieses Dilemma löst nicht nur Stress, Orientierungslosigkeit und Ohnmachtsgefühl aus. Es führt auch zum Rückzug aus der Entscheidung. Denn wenn Sie das Gefühl haben, dass Sie sich nicht entscheiden können, weil Sie überfordert sind, lassen Sie lieber jemand anderen entscheiden. Jemanden, von dem Sie annehmen, dass er das besser kann als Sie– oder der zumindest bereit ist, die Verantwortung für die Entscheidung zu übernehmen.

Und genauso handeln immer mehr Menschen in Deutschland. Sie überlassen ihre Entscheidungen anderen – und am liebsten einem digitalen Helfer:

• Habe ich mich heute schon ausreichend bewegt oder sollte ich noch ein paar Schritte tun? Ich frage meine Apple Watch.
• Fühle ich mich gut oder gehe ich doch besser zum Check zum Arzt? Ich frage meine Gesundheits-App.
• Habe ich heute schon ausreichend getrunken? Die Wasser-App sagt es mir.

All diese Programme sagen ihren Nutzern, wie sie am besten funktionieren. Und das tun viele dann auch. Mehr als funktionieren müssen sie dann ja auch nicht mehr. Echt bequem, nicht wahr? Und wenn es nicht so ist, wie versprochen, dann hat das Programm Schuld: eine vertrackte Opfer-Situation.

Sie sehen schon, was für eine gefährliche Wirkung Bequemlichkeit haben kann.

Doch gibt es da nicht einen Hoffnungsschimmer? Denn neben dem Wunsch nach Bequemlichkeit hat jeder Mensch doch auch ein Bedürfnis nach Selbstausdruck, Selbstwirksamkeit und Anerkennung für eigene Leistungen. Ja, das hat er. Doch auch da gibt es den bequemen Weg, wie Sie am wachsenden Angebot für Pseudo-Kreativität und -Wirksamkeit ablesen können …

> Es gibt ein wachsendes Angebot für Pseudo-Kreativität und -Wirksamkeit.

Pseudo-Entscheiden

Sehen Sie sich zum Beispiel die vielen Online-Plattformen für ehrenamtliche Mini-Engagements an, die in den letzten Jahren entstanden sind. Da können Sie sich bei vostel.de für den nächsten Sonntag melden, um zwei Stunden Brötchen für Bedürftige zu schmieren. Sie schlagen damit gleich mehrere Fliegen mit einer Klappe: Sie tun etwas gegen Ihr schlechtes Gewissen und für Ihr Gefühl der Selbstwirksamkeit. Ach, und Ihr Wochenende bekommt dadurch auch noch ein besonderes Highlight. Schon nach 120 Minuten haben Sie ein rundum gutes Gefühl.

Crowd-Funding-Aktionen haben einen ähnlichen Effekt: Sie geben fünf Euro, bekommen ein Zertifikat und vielleicht auch noch einen bunten Button, darauf das Wort Sponsor, Investor oder Sie dürfen sich sogar Botschafter nennen. Sie haben auf jeden Fall das Gefühl, etwas bewirkt zu haben und bedeutsam zu sein: Denn Sie haben ja etwas getan. Und alle können es sehen.

Oder wenn die Supermarktkette Sie fragt, ob Sie Ihre Gurken lieber mit oder ohne Plastikverpackung kaufen wollen, und hinterher steht auf der Online-Seite des Supermarkts geschrieben: „72 Prozent haben sich dagegen entschieden": Das gibt Ihnen das gute Gefühl, dass Sie mit Ihrer Stimme etwas bewirkt haben. Sie haben persönlich dazu beigetragen, den Plastikmüll auf dieser Welt zu reduzieren. Großartig.

Verstehen Sie mich nicht falsch: Auch Mini-Engagements sind wichtig. Jeder Beitrag zählt und macht einen Unterschied. Aber wenn sich alle auf solchen kleinen Beiträgen ausruhen, bringt das die Welt nur sehr wenig voran. Es hat mehr von einer Pseude-Entscheidung für das gute Gewissen als von einem wirkungsvollen Engagement für die gute Sache.

Auf dem Gebiet der Kreativität ist dieser Trend zum Pseudo-Entscheiden ähnlich: Kunden lieben das Gefühl, Teile eines Produkts so verändern zu können, dass es ihre Handschrift trägt. Warum? Wir wollen einen Unterschied machen, das Gefühl haben, nicht nur ein unbedeutendes Sandkorn im Universum zu sein. Denn das fühlt sich nicht gut an: Alles so groß und ich so klein.

Viele Firmen haben den Trend längst entdeckt: Bei Unternehmen wie Adidas können Sie die Aufdrucke und Farbe von Sportschuhen, Trikots und Rucksäcken selbst wählen. Bei WhiteStone können Sie Ihr Fahrrad individuell designen.

Bei Hookie & Co. können Sie nicht nur die Bestandteile aussuchen. Sie können sogar virtuell live verfolgen, wie Ihr Motorrad zusammengebaut wird und hinterher sagen: Ich war dabei, ich habe das gesehen. Mein Motorrad. Ganz individuell und echt. Schau' mal!

Selbstverständlich sind alle Wahlmöglichkeiten vorgegeben. Und doch haben Sie das Gefühl: Ich bin Teil des kreativen Prozesses.

Produkte, die wie selbstgemacht aussehen, sind der Renner. Die Oberfläche leicht körnig, ungebleichtes Papier, eine Aufschrift in Schreibschrift oder wie mit Kartoffeldruck erstellt. Die Illusion ist fast perfekt: Dieses Produkt ist nicht perfekt, sondern handmade, jedenfalls fast, das hat Ecken und Kanten, ist echt, da war ein Mensch dran und Natur – das ist die Aussage.

Eine Frage ist damit allerdings noch nicht geklärt: Warum ziehen die Menschen die Pseudo-Kreativität und -Wirksamkeit der echten vor? Den paradoxen Grund dafür erfahren Sie im nächsten Kapitel.

Fazit

Digitalisierung erfordert vom Menschen immer mehr Flexibilität und Schnelligkeit, wenn er mitkommen möchte. Deshalb neigen viele Menschen zu Bequemlichkeit und zur Verwendung entsprechender digitaler Tools, die Entscheidungen vereinfachen oder ganz abnehmen. Viele fühlen sich dabei frustriert oder abgehängt – und diese Gefühle sind angstgetrieben.

Übersicht

- 45 % der Unternehmen sagen: der Wandel zum „Internet der Dinge" ist disruptiv – und beeinflusst damit die Abläufe der Nutzer enorm. (VDE 2016)
- Nur 19 % der Unternehmen sind heutzutage mit den Qualifikationen von Bachelor- und Masterstudierenden zufrieden. Die Anforderungen verändern sich zu schnell. (VDE 2016)
- Viele Barrieren stehen der Ausbreitung des Internet der Dinge im Weg. Laut Unternehmen und Hochschulen sind das unter anderem: Fragen der IT-Sicherheit (76 %), fehlende Normen und Standards (46 %) und Komplexität (33 %). (VDE 2016)
- Mehr als ein Drittel der Arbeitnehmer fühlt sich unsicher im Umgang mit digitalen Technologien. (Gimpel et al. 2018)
- Die Häufigkeit von Kopfschmerzen ist bei Arbeitnehmern mit hohem digitalem Stress rund 25 Prozentpunkte höher als bei Arbeitnehmern mit geringem digitalem Stress. (Gimpel et al. 2018)

Literatur

Gimpel H, Lanzl J, Manner-Romberg T, Nüske N (2018) Digitaler Stress in Deutschland: Eine Befragung von Erwerbstätigen zu Belastung und Beanspruchung durch Arbeit mit digitalen Technologien. https://www.boeckler.de/pdf/p_fofoe_WP_101_2018.pdf. Zugegriffen: 11. November 2020

Rassek A (2020) 3-Zonen-Modell: So verlassen Sie Ihre Komfortzone. https://karrierebibel.de/3-zonen-modell/. Zugegriffen: 18. November 2020

Sopra Steria SE (2016) Digitale Überforderung im Arbeitsalltag. https://www.soprasteria.de/docs/librariesprovider2/soprasteria-de/infografiken/infografik-digitale-ueberforderung.pdf. Zugegriffen: 18. November 2020

VDE Verband der Elektrotechnik Elektronik Informationstechnik e.V. (2016) VDE-Studie Digitalisierung 2020. https://www.vde.com/resource/blob/981146/df07b354f52736c1e0b1de891a6d1836/studie-digitalisierung-2020-data.pdf. Zugegriffen: 06. November 2020

Weiterführende Literatur

Bogner S, Henningsen J, Proll E-C, Reuss S, Rudolph A-S, Wolf P, Specht A, Ganguly S, Altenburg S, Ehrentraut O, Krämer L, Münch C, Pivac A, Astor M, Janzen F (2018) Gesellschaft 5.0. https://www.prognos.com/publikationen/alle-publikationen/790/show/b8dd71a8a356a2df08b4fccabf94d619/. Zugegriffen: 09. November 2020

Bretschneider M, Drössler S, Magister S, Zeiser M, Kämpf D, Seidler A (2020) Digitalisierung und Psyche – Rahmenbedingungen für eine gesunde Arbeitswelt. Ergebnisse des Projektes GAP. doi: https://doi.org/10.1007/s41449-020-00206-x

Friedrich J (2018) Welche Veränderungen sich durch die Digitalisierung in Unternehmen einstellen. https://www.sage.com/de-de/blog/welche-veraenderungen-sich-durch-die-digitalisierung-in-unternehmen-einstellen/. Zugegriffen: 09. November 2020

Krämer U (2016) Digitale Überforderung – Fallgrube der Digitalen Transformation. https://www.digitale-exzellenz. de/digitale-uberforderung-fallgrube-der-digitalen-transformation/. Zugegriffen: 09. November 2020

PricewaterhouseCoopers GmbH (2018) Studie: Digitalisierung in Deutschland. https://www.pwc.de/de/digitale-transformation/studie-digitalisierung-in-deutschland.html. Zugegriffen: 09. November 2020

John A (2020) Firmen in Corona-Zeiten: Digitalisiert besser durch die Krise. https://www.tagesschau.de/wirtschaft/digitalisierung-zulieferer-101.html. Zugegriffen: 09. November 2020

Kapitel 2: Wohlstandskrank

Morgens um halb acht in Deutschland. Andreas S., 59 Jahre, keucht, doch mit Blick auf sein Smartphone lächelt er: Er ist für heute mit sich zufrieden. Seine Lauf-App zeigt ihm einen Daumen nach oben. Doch – BING – was ist das? Ah, die Wasser-App meldet sich: Sie teilt ihm per Textbox mit, dass es dringend Zeit ist, etwas zu trinken. Und – BING – noch ein Hinweis, der in einer Box aufleuchtet: Die Erinnerungs-App gibt Bescheid, dass er seiner Tochter versprochen hat, sie später noch anzurufen. Apropos: Was ist eigentlich mit der Parship-App los? Warum meldet die sich nicht mal wieder mit einem neuen Partner-Vorschlag?

Zur gleichen Zeit, in einem Haus zwei Straßen weiter schleicht Katharina B., 33 Jahre, im Nachthemd und mit dem Handy in der rechten Hand zur Kaffeemaschine. Den Blick auf das Display gerichtet, tastet sie mit der freien Hand nach den Espressokapseln, nimmt eine und steckt sie in die Öffnung der Maschine. Jetzt nur noch den Knopf für den doppelten Espresso drücken – aber vorher will sie unbedingt von der „Oh je, ich wachse"-App wissen, was sie jetzt tun soll: Seit drei

A. Ternès, *Ferngesteuert?!*, https://doi.org/10.1007/978-3-662-62971-0_2

Uhr nachts hat Baby Leonie in gefühlten 5-Minuten-Intervallen geschrien – schon wieder! Da muss man doch etwas unternehmen können. Die App hat ihr in der Schwangerschaft schließlich auch immer gute Unterstützung gegeben.

Finn F., 21 Jahre, ihr Nachbar zwei Stockwerke höher, schläft dagegen noch. Sein Smartphone liegt neben seinem Kopfkissen. Alle paar Sekunden piept es leise, das Display leuchtet kurz auf: eine neue WhatsApp-Nachricht ist eingetroffen. Jetzt stehen schon fast 100 ungelesene Nachrichten in der Liste, dabei hat Finn alle Nachrichten bis gegen 1 Uhr gecheckt. Die neuen wird er – sobald er wach ist – gleich durchsehen. Oh Mann, das ist ihm eigentlich zu viel. Aber woher soll er sonst wissen, was gerade abgeht?

Übersicht

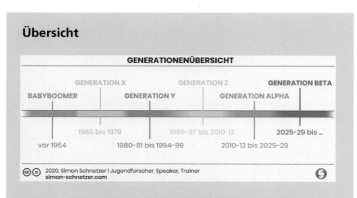

In der Fachliteratur werden gesellschaftliche Generationen auf unterschiedliche Arten definiert und abgegrenzt. Die wohl gängigste Unterscheidung sind die Generationen „Babyboomer", X, Y und Z. Die Abgrenzung ist abhängig von bestimmten soziokulturellen Entwicklungen, mit denen die Generationen aufwachsen. Beispielsweise wuchs Generation Z schon in frühester Kindheit mit digitalen Medien auf und kann sie oft intuitiv bedienen. Das bedingt auch Eigenschaften, die der Generation zugeschrieben werden (s. Abbildung oben: Generationenübersicht (Schnetzer 2020, Lizenz: CC BY-ND)).

Generation Z

Die Klage darüber, dass sie nur noch funktionieren können, dass sie sich überfordert und verunsichert fühlen, höre ich zwar durch alle Generationen hindurch. Ich habe jedoch den Eindruck, dass drei sehr unterschiedliche Lebensgefühle dahinterstehen. Entsprechend unterschiedlich gehen die Menschen mit den tiefgreifenden Veränderungen um, die nicht nur die Digitalisierung mit sich bringt.

> Das ist die Generation Pippi Langstrumpf.

Da ist zum Beispiel die Generation Z: Das ist die Generation Pippi Langstrumpf, denn die macht sich die Welt, wie sie ihr gefällt. Natürlich ist ihnen Umwelt- und Klimaschutz sehr wichtig: „Klar war ich am Freitag auf der Fridays-for-Future-Demo, solange es ging. Und ich überlege auch, ob ich nicht mal im Hambacher Forst dabei bin: Schließlich müssen die da oben endlich kapieren, dass das nicht so weitergehen kann und wir endlich eine Energiewende brauchen. Und wir haben ja nicht diese Entscheidungen für Umweltzerstörung getroffen. Das ist unsere Elterngeneration. Keiner denkt an uns. Uns wird eine schlimme Welt hinterlassen."

Die gebildeten, finanziell solide ausgestatteten Vertreter dieser Generation fühlen sich als diejenigen, die endlich verstanden haben, um was es wirklich geht: nämlich um sie. Also sagen sie im gleichen Atemzug: „Meine Milchschnitte? Die ist mir total heilig! Und meine Soja-Milch kauf ich im Tetrapack. Ich möchte das eben. Und wenn in Hollywood Oscar-Vergabe ist, fliege ich da hin. Na und? Ich setze mich doch ein für die Klimawende."

Mit fast kindlicher Begeisterung stürzen sie sich einerseits auf all die neuen Apps und Gadgets, die auf den Markt kommen: „Guckt mal: Schön, nicht? Und da kann man auch was ausprobieren. Will ich, mach' ich!" Und gleichzeitig stöhnen sie darüber.

Die beiden anderen Generationen sind ebenfalls von den immer neuen digitalen Möglichkeiten fasziniert, doch in ihre Begeisterung mischen sich weitere Gefühle …

Generation X

Viele der Generation X, der Nach-Baby-Boomer-Ära, sind bereits mit digitalen Geräten aufgewachsen. Sie kommen ganz gut damit zurecht. Aber sie fühlen sich im Umgang damit oft schlecht, denn sie sehen sich im Dilemma: Für sich selbst finden sie die Gadgets oft spannend, lustig oder praktisch, sie halten das Internet für die hilfreichste Erfindung aller Zeiten.

> **Sie fühlen sich richtig schlecht.**

Gleichzeitig wollen sie ihre Work-Life-Balance halten. Nicht ganz einfach. Und natürlich wollen sie auch ihre Kinder unbedingt vor Internetsucht und Cybermobbing bewahren.

Sie haben also ständig ein schlechtes Gewissen, denn entweder sie führen die Kleinen sehr früh schon an die digitalen Möglichkeiten heran, damit die den Umgang lernen, ganz vorne dabei sind. Lernen sie den Umgang damit schon früh, haben sie später bei der Jobsuche richtig gute Karten. Gleichzeitig befürchten sie, ihrem Nachwuchs damit zu schaden, weil das ja angeblich nicht guttut. Oder sie halten sie fern – und haben ebenfalls Angst ihnen damit zu schaden, weil die Kinder dann angeblich den Anschluss verpassen und auch noch ausgegrenzt werden, wenn alle anderen z. B. unlimitiert WhatsApp-Nachrichten schicken können. Sie können sich einfach nicht entscheiden.

Im Grunde sind die Vertreter der Generation Z fleißig. Sie setzen sich ein: im Beruf, in der Familie, im Ehrenamt. Doch zunehmend zweifeln sie an dem, was sie tun: Wozu das alles? Bewirke ich überhaupt etwas? Gibt es jemanden, der meinen Beitrag wertschätzt?

Und dann tauchen immer mehr von diesen verlockenden Apps auf, bei denen sie sich mit wenig Aufwand einen Helfer-Sticker, bewundernde Worte und ein wenig Anerkennung abholen können …

Generation Y

Zwischen den Generationen X und Z klemmt die Generation Y. Sie fühlt sich in aus verschiedenen Gründen vergessen, vernachlässigt, nicht gesehen, nicht anerkannt. Deshalb sehnen sich ihre Vertreter geradezu nach Aufmerksamkeit.

Sie sind häufig extrem bequem aufgewachsen. Alles, was sie brauchten, war um sie herum. Von ihrer Mutter haben sie immer gehört: „Keine Angst, wir stehen immer hinter Dir, wir sorgen für Dich." Und vom Vater: „Natürlich bekommst du einmal einen Job – dafür sorge ich schon. Wenn es Probleme gibt, dann zahlen wir schon. Nimm dir die Zeit, Kind." Und das tun sie dann auch.

Diese Generation nimmt sich diese Zeit aber nicht, weil sie das so genießt. Sie nutzt nur die Chance, sich von Illusion zu Illusion zu hangeln. Zwar beschleicht sie ab und zu das dumpfe Gefühl, dass ihr Traum vom großartigen Leben ganz ohne Anstrengung so nicht stimmen kann. Doch wenn dieses Gefühl zu drängend wird, richten sie einfach wie ein Kleinkind ihre Wünsche an die Eltern oder die Welt: „Macht doch, dass alles immer gut ist. Aber bitte, ohne mich aus meinen Träumen aufzuwecken." Oder sie geben ihren Eltern die Schuld und projizieren die Verantwortung für sich auf sie – die Eltern sind verantwortlich für ihren Erfolg und Misserfolg: „Durch Euch bin ich so geworden. Euch war es doch immer egal. Nie habt Ihr Euch gekümmert. Ihr habt mir doch nie gesagt, dass ich mal loslegen soll, mir

Regeln gesetzt und mir Druck gemacht. Deshalb bin ich so geworden, wie ich nun bin. Bitte schaut, dass Ihr mich da rausbringt und etwas tut, damit alles wieder gut ist. Das habt Ihr doch bisher immer gemacht."

> Sie hangeln sich von Illusion zu Illusion.

Jahre später kommt das erwachsene Kind nach Hause und sagt: „Liebster Papi, ich kann einfach nicht arbeiten. Schau doch, das macht mich fertig. Ich möchte einfach in deinem Ökosystem bleiben. Darf ich?" Übersetzt heißt das: „Ich habe keine Lust zu arbeiten. Ich möchte irgendetwas Wichtiges sein, aber ich habe keine Ahnung was. Im Grunde bin ich hilflos und orientierungslos. Mach Du es bitte so, dass alles gut ist. Ich weiß nicht, wie das geht!"

Die Generation Y erwartet, dass ihr die Welt zu Füßen gelegt wird. Und zwar auch von der Technik: Alles, was dazu beiträgt, dass die Bequemlichkeit nicht abnimmt, ist hochwillkommen. Vor dem Preis verschließen sie die Augen.

Übersicht

Für die Generation Y ist laut Studien der Zusammenhalt in der Familie das Wichtigste. Sie ist damit aufgewachsen, in Ausbildung und Studium finanziell und auch darüber hinaus unterstützt worden zu sein, genauso wie bei der Familienplanung und weiteren wichtigen Lebensphasen. Sie ist überfordert allein zu entscheiden und verlässt sich gern auf die Unterstützung, die sie von der Familie bekommt (s. Abbildung oben: Die Lebenswelt der Generation Y (Schnetzer 2019, Lizenz: CC BY-SA)).

Alle gemeinsam

Das Letztere haben die drei Generationen dann wieder gemeinsam: Sie mögen es bequem. Entscheidungen treffen? Nein, das möchten sie nicht. Entscheidungen zu treffen und die Verantwortung dafür zu tragen, ist doch anstrengend. Kann das nicht bitte jemand anderes übernehmen? Die allwissende App oder der Experte im Internet? Der Chef oder der Vorstand? Der Vater oder die Mutter?

Mir fällt auf, dass dieser Hang, Entscheidungen zu vermeiden, zusammenfällt mit der Tendenz zum Cocooning: Die Sehnsucht nach der traditionellen Familienidylle mit dem Vater als Vollzeiternährer, der Mutter als Hüterin des Hauses, die auch die Kinderschar betreut, wächst in diesen Generationen wieder.

Was spannend ist: Die meisten glauben noch nicht einmal daran, dass durch den Rückzug in alte Rollen alles gut wird – aber endlich wissen sie wieder, wo es lang geht. Alles ist besser, als selbst Entscheidungen treffen zu müssen.

Das entspricht der menschlichen Natur, denn Entscheidungen kosten Energie und Zeit: Mit beidem musste der Steinzeitmensch sorgsam umgehen, denn er brauchte für die vielen lebensbedrohlichen Situationen genügend Kapazität. Deshalb treffen wir heute noch bewusste Entscheidungen nur dann, wenn wir die dringende Notwendigkeit sehen.

> Bewusste Entscheidungen treffen wir nur, wenn wir die dringende Notwendigkeit sehen.

Sie können es an sich selbst beobachten: Wie viele bewusste Entscheidungen treffen Sie noch, wenn Sie als geübter Autofahrer unterwegs sind? Das meiste steuern wir recht unbewusst. Sonst könnten wir uns nicht nebenbei unterhalten, telefonieren, uns im Navigationsgerät zurechtfinden... Es ist dann nicht mehr notwendig, über jede einzelne Entscheidung nachzudenken.

Auf Abstinenz

Und so geht es auch den drei Generationen: Keiner verspürt die Notwendigkeit, Entscheidungen zu treffen. Wir haben keinen Druck, weder wirtschaftlich noch gesellschaftlich. Wir leben im Wohlstand. Wir können es uns einfach bequem machen.

Wir nehmen weder unseren eigenen Wohlstand wahr, noch nehmen wir wirklich die wahr, die diesen Wohlstand auch in unserem Land nicht haben. Alles, was wie selbstverständlich da ist, verschwindet von unserem Radar. Oder – ganz ehrlich – haben Sie heute schon darüber nachgedacht, wie gut wir es im Vergleich mit vielen haben? Wir leben in Europa in weitgehendem Frieden. Es ist vieles gut bei uns, aber wir registrieren das nicht mehr bewusst. Wir kennen es nicht anders.

Deshalb haben wir auch ständig das Gefühl, dass wir mehr haben könnten und sollten. Der existenzielle Druck, der uns dazu zwingen würde, so etwas Unbequemes wie Entscheidungen auf uns zu nehmen, fehlt jedoch.

Und damit finden wir uns in einem Dilemma wieder: Wir wollen mehr, aber bitte, ohne unsere Bequemlichkeit aufzugeben. Sorge doch bitte jemand für dieses Mehr, treffe die richtigen Entscheidungen und übernehme überhaupt all diese lästigen Anstrengungen für uns.

> Wir wollen mehr, aber bitte, ohne unsere Bequemlichkeit aufzugeben.

Der Wohlstand, den wir nicht mehr wahrnehmen und wertschätzen, macht uns krank, denn er verführt uns. Er verführt uns zur Entscheidungs- und Selbstverantwortungs-abstinenz.

Diese Abstinenz hat Folgen für jeden Einzelnen: er fühlt sich fremdbestimmt und zum Funktionieren verdonnert. Sie hat aber auch fatale Folgen, die über den Einzelnen weit hinausgehen. Sie gefährden genau den Wohlstand, der die Abstinenz erst ermöglicht …

Fazit

Die Generationen X, Y und Z haben alle verschiedene Merkmale, doch in einem sind sie alle gleich: Bequemlich-keit. Sie scheuen sich vor Entscheidungen, denn jede wei-tere Entscheidung bedeutet ein Mehr an Energie und Ver-antwortung. Außerdem möchten viele gar keine Notwendigkeit zur Entscheidung sehen – ihnen geht es doch gut. Dieser Wohlstand führt zu Entscheidungsscheu und Entscheidungsabstinenz.

> **Übersicht**
>
> - 48 % der Generation Y sieht Spaß als größten Motivator für Leistung. (Schnetzer 2019)
> - Generation Z sieht zu 58 % – mehr als die Hälfte – Spaß als wichtigste Motivation. (Schnetzer 2019)
> - Generation Y schätzt Gesundheit (69 %), Zuverlässigkeit (65 %) und Familie (64 %) am meisten. (Schnetzer 2019)
> - Für Generation Z sind Gesundheit (70 %), Freiheit (69 %) und Freundschaft (66 %) am wichtigsten. (Schnetzer 2019)

Literatur

Schnetzer S (2019) Studienergebnisse Junge Deutsche 2019. https://simon-schnetzer.com/studienergebnisse-junge-deutsche-2019/. Zugegriffen: 09. November 2020

Schnetzer S (2020) Generation XYZ – Übersicht. https://simon-schnetzer.com/generation-xyz/. Zugegriffen: 09. November 2020

Weiterfuehrende Literatur

Deloitte GmbH (2020) Deloitte Millennial Survey 2020. https://www2.deloitte.com/de/de/pages/innovation/contents/millennial-survey.html. Zugegriffen: 09. November 2020

Frankowski S (2013) Erfolgreiche Personalführung der Generationen Y und Z: Mitarbeiterpräferenzen und ihre Auswirkungen auf den Führungserfolg. Hamburg: Diplomica Verlag

Frick T (2020) Generation Y vs. Generation Z – Gemeinsamkeiten und Unterschiede. https://talent-power.de/generation-y-vs-generation-z/. Zugegriffen: 09. November 2020

Kuhlmann-Rhinow I (2019). Generation X, Y, Z: So unterscheiden sie sich. https://blog.hubspot.de/marketing/generation-x-y-z. Zugegriffen: 09. November 2020

Mangelsdorf M (2015) Von Babybooomer bis Generation Z: Der richtige Umgang mit unterschiedlichen Generationen im Unternehmen. Offenbach: Gabal Verlag

Scholz C (2014) Generation Z: Wie sie tickt, was sie verändert und warum sie uns alle ansteckt. Weinheim: Wiley-VCH Verlag

Kapitel 3: Pilot von Bord

Da ist zum Beispiel Marion, attraktiv, Ende 40. Sie arbeitet seit langem für eine einflussreiche politische Institution, sie ist engagiert, kritisch, wach. Bei ihr denke ich mir immer wieder: Sie hätte wirklich das Zeug dazu, so richtig Karriere zu machen.

Umso überraschter war ich, als sie in einem Gespräch vor Kurzem so nebenbei sagte: „Super, oder?!: Ich habe jedes Jahr Zusatzurlaub."

Ich fragte interessiert: „Aha, wie kommt denn der zustande?"

Sie schaute mich verschmitzt an, zuckte mit den Achseln und antwortete: „Na ja, ich rauche und ich esse viel Süßes, Brot, Fleisch, viel Fertigprodukte, also alles ziemlich ungesund und ziemlich unvernünftig. Beides sollte ich vor allem deshalb nicht tun, weil ich einen Reizdarm habe. Ich mache es aber trotzdem und deshalb habe ich regelmäßig eine Magen-Darm-Entzündung, wenn der Darm mal wieder sagt, jetzt ist es genug. Und dann darf ich ins Krankenhaus. Das ist meine Auszeit. Nach etwa vier Wochen dort bin ich wieder fit und kann zurück in den Job."

A. Ternès, *Ferngesteuert?!*, https://doi.org/10.1007/978-3-662-62971-0_3

Ich fragte – ehrlich fassungslos – nach: „Warum tust du denn das? Du könntest dich doch einfach gesünder ernähren. Da hättest du doch mehr vom Leben."

„Weißt du", war ihre trockene Antwort, „meine Arbeit hier ist ziemlich frustrierend. Doch glaubst du, meine Chefs ändern daran etwas? Die könnten mir ja zum Beispiel etwas anderes anbieten: etwas, das mir mehr Spaß macht oder wo ich mehr Perspektive habe. Tun sie aber nicht. Und ich habe beschlossen: Solange das nicht passiert, hole ich mir eben diesen Extra-Urlaub."

Leider ist Marion kein Einzelfall.

Übersicht

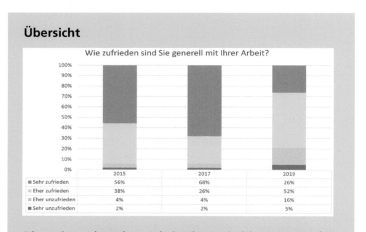

Wie zufrieden sind Sie generell mit Ihrer Arbeit?

	2015	2017	2019
■ Sehr zufrieden	56%	68%	26%
Eher zufrieden	38%	26%	52%
Eher unzufrieden	4%	4%	16%
■ Sehr unzufrieden	2%	2%	5%

Die meisten deutschen Arbeitnehmer sind insgesamt zufrieden mit ihrer Arbeitssituation, 2019 sind es 78 %. Das klingt nach viel, doch der Trend, der sich im Laufe der letzten Jahre abzeichnet, ist klar negativ: 2015 und 2017 waren es noch 17 Prozentpunkte mehr. Der Anteil der Befragten, die sehr zufrieden sind, war in beiden Vorbefragungen noch jeweils mehr als doppelt so hoch wie in 2019 (s. Abbildung oben: Zufriedenheit von Arbeitnehmern mit ihrer Arbeit (Ernst & Young 2019, S. 4)).

Lieber mal krank

Sehr viele Mitarbeiter geben die Verantwortung dafür, wie gut es ihnen in ihrem job geht, an ihre Chefs ab. Was sie sich damit ersparen, ist die Entscheidung, selbst etwas an ihrer Situation zu ändern. Zwar führt das nicht zu einer echten Verbesserung ihrer Arbeits- und Lebenssituation, aber für den Moment fühlt es sich für sie bequemer an.

Noch widersinniger wird es aus meiner Sicht in dem Moment, wenn sie nicht nur die Verantwortung für ihre Lebensfreude, sondern auch die für ihre eigene Gesundheit an ihren Arbeitgeber abgeben. Die Bequemlichkeit ist selbst dann das stärkere Motiv, obwohl die Mitarbeiter so wissentlich ihrem Arbeitgeber *und* sich selbst schaden.

> Es geht ihnen persönlich schlechter. Doch die Bequemlichkeit ist stärker.

Dieses Phänomen ist weit verbreitet. So berichtete mir eine Geschäftsführerin: Im Rahmen des betrieblichen Gesundheitsmanagements hatte sie drei Räume mit teuren BEMER-Matten ausstatten lassen. BEMER steht für „Bio-Electro-Magnetic-Energy-Regulation". Vereinfacht gesagt sind das Matten, die mit magnetischen Feldern die Blutzirkulation anregen sollen.

Sie sagte mir in fast verzweifeltem Ton: „Ich weiß nicht, was ich noch machen soll. Das nutzt einfach keiner. Dabei habe ich doch extra aufwändig diese Räume herrichten lassen. Die hätte ich auch anders nutzen können!"

Ich fragte sie: „Warum denn nicht?"

Ihre Antwort: „Die Mitarbeiter sollten diese Angebote in ihrer Pause oder nach der Arbeit nutzen – gratis wohlgemerkt. Das wollen sie aber nicht. Selbst die Führungskräfte. Sie wollen das nur in ihrer Arbeitszeit tun und auch so abgerechnet bekommen. Die Verantwortung für ihre Gesundheit trüge schließlich die Firma. Die hätte doch von ihnen mehr Arbeitskraft, wenn sie ausgeruhter und fitter seien."

Ich finde es erstaunlich, wie umfassend viele Mitarbeiter die Verantwortung für ihr Leben den Unternehmen zuschieben. Besonders schade finde ich es, wenn diese Einstellung auch unter Führungskräften besteht …

Lieber mal vorsichtig

Der IT-Berater sagt vorwurfsvoll: „Sie wissen schon, dass Sie in Sachen IT-Sicherheit massiv Nachholbedarf haben, oder? Haben Sie sich schon mal Gedanken gemacht, was passiert, wenn Hacker Ihr Unternehmen ins Visier nehmen?"

Und der Unternehmensverantwortliche denkt: ‚Oh nein, nicht auch das noch. Nicht noch eine Investition in irgendetwas, was ich nicht einschätzen kann. Kann nicht mal jemand die Stopp-Taste drücken?'

> Kann nicht mal jemand die Stopp-Taste drücken?

Das Gefühl der Überforderung macht nicht vor der Tür der Unternehmer, Geschäftsführer, Führungskräfte Halt. Viele von ihnen haben den Eindruck, dass früher alles klarer war, einfacher, verlässlicher – und bequemer. Keine Frage: Es

war schon immer viel Arbeit vorhanden und viel Verantwortung erforderlich, um ein Unternehmen zu leiten.
Aber so viele Unsicherheiten wie heute waren gefühlt
noch nie da.

In diese Unsicherheit hinein flüstert eine innere Stimme:
‚Dann agieren wir doch lieber ein bisschen vorsichtiger.
Halten wir unser Geld mal lieber beisammen. Kleine
Schritte tun es doch auch. Vielleicht ist dieses Geschrei um
Digitalisierung, Klimaschutz und Nachhaltigkeit doch
übertrieben‘

Ach ja, und einer, der die Verantwortung für diese unan-
genehme Situation trägt, muss natürlich auch gefunden
werden. Und wer bietet sich da eher an als Politiker? So
kommen dann Aussagen zustande wie: „Solange die Politik
uns Unternehmern immer noch mehr Knüppel zwischen
die Beine schmeißt, können wir sowieso nichts machen.“

Übersicht

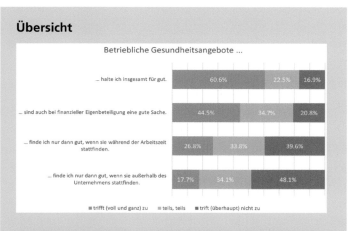

Betriebliche Gesundheitsangebote ...

	trifft (voll und ganz) zu	teils, teils	trift (überhaupt) nicht zu
... halte ich insgesamt für gut.	60.6%	22.5%	16.9%
... sind auch bei finanzieller Eigenbeteiligung eine gute Sache.	44.5%	34.7%	20.8%
... finde ich nur dann gut, wenn sie während der Arbeitszeit stattfinden.	26.8%	33.8%	39.6%
... finde ich nur dann gut, wenn sie außerhalb des Unternehmens stattfinden.	17.7%	34.1%	48.1%

Grundsätzlich ist die Zustimmung für betriebliche Gesundheitsangebote laut einer Studie der AOK groß (s. Abbildung
oben: Allgemeine Einstellungen zu betrieblichen Gesund-
heitsangeboten (Zok 2016, S. 10)):

Rund 60 % befürworten solche Angebote entschlossen. Nur ein kleiner Teil der Befragten lehnt sie grundsätzlich ab oder findet sie nur gut, wenn sie außerhalb des Unternehmens stattfinden. Etwa ein Viertel findet Gesundheitsangebote nur gut, wenn sie während der Arbeitszeit stattfinden.

Lieber mal die Wirtschaft

Viele Politiker allerdings schieben den Schwarzen Peter der Verantwortung meiner Beobachtung nach genauso gerne weiter wie Angestellte und Unternehmer. Das heißt, auch sie vermeiden echte Entscheidungen allzu oft um der Bequemlichkeit willen. Schließlich wollen auch sie nicht ihre gesicherte Position, ihren Einfluss verlieren.

Um also wieder gewählt zu werden, nehmen diese Politiker das auf, was die Generationen X bis Z gerade lautstark an „Mehr" fordern – und geben die Forderungen ganz schnell weiter, am liebsten an die Wirtschaft. Die Unternehmen sollen es richten!

Die Unternehmen sollen es richten.

Die Unternehmen sollen alles schultern, im Großen wie im Kleinen: die Bon-Pflicht, die Datenschutz--Grundverordnung, das CSR-Richtlinie-Umsetzungsgesetz, immer neue Anforderungen zu Nachhaltigkeit, Mitarbeiterfreundlichkeit, Innovationsfreude etc. Diese Maßnahmen sehen zunächst alle gut aus und tun der Mehrheit des Wahlvolks nicht weh – vorerst.

Entsprechend frustriert sind meiner Erfahrung nach viele Verantwortliche in den kleinen und mittelständischen Unternehmen, die Deutschland immer noch als ihren natürlichen Hauptstandort sehen und diesen auf Dauer bewahren wollen. Einschließlich der Arbeitsplätze.

Lieber an die Wand

Die Summe der Effekte bündelt sich zu einer großen Wirkung: Es bewegt sich vieles nicht mehr in Deutschland, jedenfalls nicht mehr nach vorne. Es fehlt eine Zunahme an Lebensqualität, nachhaltige Unterstützung des Mittelstands, der Kultur- und Kreativschaffenden. Es ist einfach zu bequem. Und so überlassen wir das Steuer anderen. Dabei zeichnet sich die dunkle Wand schon ab, auf die wir mit diesem Kurs zusteuern.

Noch wiegen wir uns in der Sicherheit, dass unser Wohlstand nicht in Gefahr ist. Der Fachkräftemangel, die demographische Entwicklung und unser weltberühmter Erfindergeist werden schon dafür sorgen, dass wir als Mitarbeiter und Führungskräfte unersetzlich bleiben. Glauben wir …

Fazit

Niemand scheint mehr Verantwortung als nötig tragen zu wollen – nicht für sein Land, nicht für sein Unternehmen, nicht mal für sein eigenes Glück. Zu viele versuchen, die Verantwortung an andere abzugeben. Schlussendlich wird schon alles gut gehen. Hoffentlich.

> **Übersicht**
>
> - 52 % der Deutschen stuft den eigenen Wohlstand im Juni 2020 als hoch ein – 2,6 Prozentpunkte weniger als noch im März. (Drews 2020)
> - Für das Glück von Arbeitnehmern sind laut befragten Mitarbeitern verantwortlich: sie selbst (18 %), der Vorgesetzte/das Unternehmen (36 %), Mitarbeiter und Unternehmen gleichermaßen (46 %). (Robert Half 2017)
> - 65 % der Arbeitnehmer denken, dass aufgelockerte Hierarchien und Eigenverantwortung der Mitarbeiter den Unternehmenserfolg fördern. (SPLENDID RESEARCH GmbH 2018)

Literatur

Drews H-P (2020) Nationaler Wohlstandsindex für Deutschland: Corona sorgt für leichten Wohlstandsdämpfer. https://www.ipsos.com/de-de/nationaler-wohlstandsindex-fur-deutschland-corona-sorgt-fur-leichten-wohlstandsdampfer. Zugegriffen: 12. November 2020

Ernst & Young GmbH (2019) EY-Jobstudie 2019: Motivation, Zufriedenheit und Work-Life-Balance. https://assets.ey.com/content/dam/ey-sites/ey-com/de_de/news/2019/12/ey-jobstudie-zufriedenheit-work-life-balance-2019.pdf. Zugegriffen: 19. November 2020

Robert Half (2017) Wer ist für die Mitarbeiterzufriedenheit verantwortlich? – Arbeitgeber und Arbeitnehmer sind sich nicht einig. https://www.roberthalf.de/presse/wer-ist-fuer-die-mitarbeiterzufriedenheit-verantwortlich-arbeitgeber-und-arbeitnehmer-sind-sich-nicht-einig. Zugegriffen: 19. November 2020

SPLENDID RESEARCH GmbH (2018) Großteil der Arbeitnehmer gegen steife Hierarchien im Unternehmen. https://www.splendid-research.com/de/statistiken/item/studie-arbeitnehmer-hierarchie-eigenverantwortung-unternehmenerfolg.html. Zugegriffen: 19. November 2020

Zok K (2016) Aussagen zur Gesundheit und zur Betrieblichen Gesundheitsförderung aus der Sicht von Beschäftigten. In: *WIdOmonitor 2/2016*. https://www.aok-bv.de/imperia/md/ aokbv/hintergrund/dossier/praevention/widomonitor_2_16_ web.pdf. Zugegriffen: 19. November 2020

Weiterführende Literatur

Bundesregierung (2016) Bericht der Bundesregierung zur Lebensqualität in Deutschland. https://www.bmwi.de/Redaktion/ DE/Publikationen/Wirtschaft/bericht-der-bundesregierung-zur-lebensqualitaet-in-deutschland.pdf. Zugegriffen: 09. November 2020

Däfler M-N & Dannhäuser R (2019) Sechs Thesen zum Thema „Glück im Beruf". In: *Glücklicher im Beruf... mit der Kompass-Strategie*. doi: https://doi.org/10.1007/978-3-658-22871-2_2

Deloitte GmbH (2018) Neue Arbeitswelt: anspruchsvoll, flexibel und digital. https://www2.deloitte.com/de/de/pages/human-capital/articles/neue-arbeitswelt-studie.html. Zugegriffen: 09. November 2020

Elflein C (2020) Glücklich im Job? So klappt es! https://www. focus.de/finanzen/politik-gluecklich-im-job-so-klappt-es_ id_10522175.html. Zugegriffen: 09. November 2020

Europäische Kommission (2020) Standard-Eurobarometer 93. In *Statista*. https://de.statista.com/statistik/daten/studie/153748/umfrage/allgemeine-zufriedenheit-mit-dem-eigenen-leben/. Zugegriffen: 09. November 2020

Grzeskowitz I (2014) Schluss mit der Selbstsabotage – so gelingt Chance. https://www.grzeskowitz.de/schluss-mit-der-selbstsabotage/. Zugegriffen: 12. November 2020

karriere.blog (2017) Was macht im Job zufrieden und wer muss für dieses Glück sorgen? https://www.karriere.at/blog/ studie-zufriedenheit-mitarbeiter.html. Zugegriffen: 09. November 2020

Kapitel 4: Entsetzlich ersetzlich

Die Arbeitsmarktsituation vor der Corona-Krise zeigt enorme Bequemlichkeit bei vielen Arbeitnehmern. Längst hatte jeder Arbeitnehmer schon einmal gehört: „Der Spieß hat sich umgedreht. Nicht du musst dich bemühen, einen Job zu bekommen oder zu halten – das Unternehmen muss sich um dich bemühen! Du kannst jederzeit deinen Arbeitgeber austauschen, wenn es dir nicht mehr passt. Und vergiss nicht gleich zu Beginn richtig viel für Dich zu fordern. Das Unternehmen kann sich freuen, gerade Dich zu bekommen."

Doch wenn ich mir die Entwicklung unter unserem derzeitigen Kurs ansehe, komme ich für die Zukunft zu einem anderen Bild. Ganz unabhängig von Corona.

Das bequeme Bett

Tatsächlich können sich einige ihre Arbeitsstelle immer noch aussuchen. Unternehmen, große und kleine, bieten Einiges, mit dem sie die attraktiven Bewerber locken: groß-

A. Ternès, *Ferngesteuert?!*, https://doi.org/10.1007/978-3-662-62971-0_4

zügige Homeoffice-Regelung mit gestellter guter Ausstattung, Unterstützung bei der Kinderbetreuung, Bahn-
card, ein Firmenhandy und einen Firmenwagen auch für
den privaten Bedarf, und vieles mehr.

Jetzt stellen Sie sich einen Bewerber vor, dem es vor allem um
Bequemlichkeit geht. Er wird den Job wählen, bei dem er am
wenigsten entscheiden und am wenigsten Verantwortung übernehmen muss. Und ganz bestimmte Unternehmen bieten ein
solches Umfeld tendenziell mehr als alle anderen: die Konzerne.

Dort erledigt ein Großteil der Mitarbeiter Aufgaben, die
nur einen kleinen Ausschnitt aus der Wertschöpfungskette
darstellen. Kaum einer muss das große Ganze überblicken.
Und die eigene Verantwortung endet spätestens an der
Schnittstelle zur nächsten Abteilung. Hier fühlt sich der Bequeme wohl und bestätigt: „Genauso passt es. Hier will ich
bleiben und mich hineinfügen."

> Die Verantwortung endet spätestens an der Schnittstelle zur
> nächsten Abteilung.

Der Personalverantwortliche im Konzern freut sich, weil er
im Wettbewerb um neue attraktive Mitarbeiter die kleinen
und mittelständischen Unternehmen ausgestochen hat.
Wie lange die Freude allerdings anhält, steht auf einem anderen Blatt – zu dem komme ich gleich noch. Doch lassen
Sie uns davor sehen, was die Verlierer in diesem Wettbewerb
um geeignete Mitarbeiter tun.

Das unbequeme Bett

Da ist zum Beispiel das mittelständische Maschinenbau-
unternehmen mit Sitz in Baden-Württemberg. In vielen
Bereichen, wie zum Beispiel der Digitalisierung, ist es sehr

gut aufgestellt. Seine Auftragslage ist hervorragend, die Auslastung im Werk immer noch klasse. Die Firma hat nur ein Problem: Ihr fehlen Fachkräfte.

Sie ist inzwischen bereit, den Mitarbeitern sehr viel Geld zu bezahlen und ihnen alle möglichen Annehmlichkeiten zu bieten, aber dennoch hat sie keine Chance, genau die Kandidaten zu bekommen, die sie gern hätte.

„Und was ich alles aufgefahren habe!", sagte mir der Geschäftsführer. „Firmenauto mit bester Ausstattung, Betriebskindergarten, Fahrtkostenzuschuss, Hilfe bei der Wohnungsbeschaffung – das interessiert die Bewerber gar nicht. ‚Nö, da müsste ich ja umziehen. Das ist mir zu aufwändig.', kommt als Begründung für die Absage."

Und von Azubi-Anwärtern hörte er, dass sie nicht kommen wollen, weil sie dann nicht bei ihren Eltern wohnen bleiben können – wer solle dann ihre Wäsche waschen, für sie kochen und aufräumen?

„Wir konnten gar nicht anders, als die Konsequenzen zu ziehen. Also haben wir einen Bereich ins Ausland gezogen.", fuhr er fort. „Das Geschrei war groß, denn die Arbeitsplätze am Standort Deutschland seien doch so wichtig. Aber – naja – was sollen wir denn tun?"

> „Wir konnten gar nicht anders, als die Konsequenzen zu ziehen."

Das tun inzwischen viele mittelständische Unternehmen, die rührig sind, sich am Markt orientieren und mutig in die Zukunft gehen. Und sie machen oft gute Erfahrungen im Ausland. Denn dort arbeiten die Kandidaten zu oftmals weitaus günstigeren Gehältern, sind bereit, für das Geld mehr zu leisten, härter zu arbeiten, Überstunden ohne Murren zu machen und auf Work-Life-Balance als Letztes zu achten.

Auslandsbetten

Denn die Leistung und die Qualität, wie sie in anderen Ländern erbracht werden, sind häufig sehr gut. IT-Aufgaben lassen sich inzwischen hervorragend nach Estland, Polen oder andere osteuropäische Länder auslagern. Für den Kundenservice ist neben Indien auch Afrika ein attraktiver Kandidatenmarkt. Indien ist schon lange als IT- und Service-Standort etabliert. Die Mitarbeiter in diesen Ländern sind in ihren fachlichen Kompetenzen oft nicht schlechter als die Deutschen. Ihr Deutsch ist oftmals überraschend gut und: Sie haben den deutschen Kollegen nicht selten sogar etwas voraus ...

Die Leistungsbereitschaft, die Ihnen dort begegnet, ist enorm. Diese Mitarbeiter sind noch nicht satt, sie wollen sich Wohlstand erarbeiten – und strengen sich dafür an. Sie gehen nicht davon aus, dass jemand anderes für das „Mehr" sorgt. Sie wollen selbst die Verantwortung dafür übernehmen.

> Die Leistungsbereitschaft, die Ihnen dort begegnet, ist enorm.

Diese Leistungsbereitschaft von Service-Mitarbeitern begegnet vielen als Kunde in Deutschland oftmals nicht. So war eine Freundin kürzlich in einem Concept Store, um einen Rock zu kaufen. Ein hochgradig arrogant auftretender Mann hätte sie als erstes von Kopf bis Fuß gemustert, so, als wenn er abchecken wolle, ob sie denn überhaupt würdig sei, das Geschäft zu betreten: „Ich bin was ganz Besonderes. Eigentlich ist es total unter meiner Würde, dir was zu verkaufen. Also erwarte ja keinen Service. Verstanden?"

Und sie hatte verstanden: Er hatte wohl keine Lust, hier zu arbeiten. Aber Lust, sich etwas anderes zu suchen, hatte er auch nicht. Sie meinte, er wäre gern etwas Besseres gewesen und habe die Designerkleidung so genutzt wie eine Rüstung oder ein Ich-gehöre-doch-dazu-Button.

Der rührige Mittelstand weiß sich zu helfen und verlagert, wenn es geht und soll, mehr und mehr seiner Arbeitsplätze ins Ausland. Doch sind ja nicht alle so aufgestellt, wollen vielleicht doch den Standort Deutschland stärken, nachhaltig regional produzieren oder von ihrem Geschäftsmodell her passt das einfach nicht. Was tun diese Unternehmen?

Lorbeerbetten

Bei diesen sehe ich zwei Lager: Es gibt Unternehmen, die haben es noch bequem, denn sie verfügen entweder über einen sehr treuen Kundenstamm oder über eine einzigartige Produkt- und Geschäftsidee. Deshalb können sie ohne große Anstrengung noch für lange Zeit konkurrenzfähig bleiben, gerade wenn sie nicht auf großes Wachstum aus sind.

Ich sage bewusst „sie können", denn auch diese Firmen dürfen sich nicht auf ihren Lorbeeren ausruhen: Mir ist zum Beispiel vor einigen Jahren ein tolles Start-up aufgefallen, die eine klasse Lösung im Medizintechnikbereich entwickelt hatten. Dafür bekamen die Gründer Preise, wurden als Vorzeige-Unternehmen herumgereicht, zogen Investoren an, wuchsen. Eine große Zukunft schien ihnen sicher.

Doch von einem Tag auf den anderen standen sie vor dem wirtschaftlichen Aus. Ein Start-up in China hatte eine sehr ähnliche Lösung entwickelt, doch weitaus günstiger, weitaus flexibler. Ausruhen ohne Innovationen, bequem statt flexibel kann bei Unternehmen tödlich sein, gerade im digitalen Wandel.

> Auch ein scheinbar einmaliges Produkt ist kein Argument, sich bequem in Sicherheit zu wiegen.

Das zweite Lager der kleinen und mittelständischen Betriebe hat es sich auf andere Weise bequem gemacht.

Bettenende

Ist ein Unternehmer schon einige Jahre lang mit seiner Firma am Markt erfolgreich, hat er sich oft an diesen Erfolg gewöhnt. Er hat ihn auf die immer gleiche Art und Weise erreicht, also macht er genauso weiter – dieser Weg ist für ihn bequem. Seine unternehmerische Verantwortung hat er auf Autopilot gestellt, er führt seine Firma nach dem Motto: Wir machen einfach weiter so. Klappt doch so, warum das Pferd wechseln, das doch so erfolgreich rennt.

So wie der Metalltreppenbauer aus Sachsen, mit dem ich mich vor kurzem unterhielt. Sein angestammtes Geschäftsmodell ist zerbröckelt, weil die Kunden heute lieber zu ready-to-use-Produkten greifen, die sie online bestellen und von irgendwoher liefern lassen. Die Lücke zur Konkurrenz ist für den Sachsen längst riesig. Aber Lust und Energie, sich mit anderen Geschäftsmodellen zu befassen, hat er trotzdem nicht. Das liegt alles weit außerhalb seiner Komfortzone. Digitalisierung in seiner Firma einführen? Ach nein, was soll das schon bringen?

Sie und ich müssen keine Propheten sein, um vorauszusagen, dass Unternehmen wie dieses auf lange Sicht keine Chance mehr haben. Wenn es wirtschaftlich gar nicht mehr geht, werden sie zu Veränderungen gezwungen werden. Und die sind schmerzhafter als die, die sie vorher vermieden haben. Die Firmen werden schrumpfen, mit anderen zusammengehen oder sogar ganz aufgeben müssen.

> Unflexible Unternehmen werden zu Veränderungen gezwungen, die sie vorher gemieden haben.

Viele kleine und mittelständische Betriebe verlagern ihre Arbeitsplätze entweder ins Ausland, sind in ihrem Geschäftsmodell möglicherweise gefährdet oder lassen sich aus Bequemlichkeit und Angst vor der Veränderung und ihren Kosten von der Zeit überholen.

So ist abzusehen, dass die Zahl der Arbeitsplätze in diesem Bereich erheblich sinken wird. Und eines ist sicher: Nicht alle anderen Unternehmen werden deren freigesetzte Mitarbeiter aufnehmen können. Im Gegenteil …

Übersicht

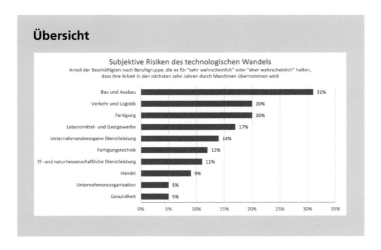

Subjektive Risiken des technologischen Wandels

Anteil der Beschäftigten nach Berufsgruppe, die es für "sehr wahrscheinlich" oder "eher wahrscheinlich" halten, dass ihre Arbeit in den nächsten zehn Jahren durch Maschinen übernommen wird

Berufsgruppe	Anteil
Bau und Ausbau	31%
Verkehr und Logistik	20%
Fertigung	20%
Lebensmittel- und Gastgewerbe	17%
Unternehmensbezogene Dienstleistung	14%
Fertigungstechnik	12%
IT- und naturiwssenschaftliche Dienstleistung	11%
Handel	9%
Unternehmensorganisation	5%
Gesundheit	5%

Durch den technologischen Wandel sind zahlreiche bestehende Jobs in Gefahr. In Berufen, die vor allem aus motorischen oder routinemäßigen Tätigkeiten bestehen, ist das Risiko der Automatisierung vergleichsweise hoch. Berufe mit hoher Verantwortung sind dagegen recht sicher (s. Abbildung oben: Subjektive Wahrnehmung des Risikos, dass die eigene Arbeit durch Maschinen übernommen wird (Arnold et al. 2016)).

Unbrauchbar

Bequeme Mitarbeiter sind unproduktiver als solche, die motiviert, kreativ und eigenverantwortlich sind. Das gilt auf jeden Fall für die Aufgaben, die in zukunftsorientierten Unternehmen noch Menschen überlassen bleiben. Das gilt vor allem im agilen Setting, das ein Unternehmen im digitalen Wandel zukunftsfähig macht. Und nur für diese Aufgaben werden Mitarbeiter gebraucht. Für viele andere Aufgaben gibt es digitale Lösungen und Maschinen.

Diese Entwicklung werden auch die Konzerne mehr und mehr spüren. Die Konzernlenker werden über kurz oder lang feststellen, dass sie viele ihrer bequemen Mitarbeiter nicht mehr brauchen. Deren Aufgaben werden von Maschinen übernommen. Wohlgemerkt: Viele Konzerne haben Bequemlichkeit bei vielen ihrer Mitarbeiter lange Jahre akzeptiert oder sogar gewünscht. Denn bequeme Mitarbeiter sind auch für Führungskräfte erst einmal angenehmer als solche mit Initiative. Darüber hinaus haben sich viele an diese Haltung gewöhnt. Die Bequemlichkeit hat im Konzern quasi ein Eigenleben entwickelt, sich verbreitet und festgesetzt.

Kommt dann die Stunde der Wahrheit und der Konzern entlässt viele Mitarbeiter, wird es für diese hart: Die rührigen Mittelständler haben offene Stellen ins Ausland verlagert, andere sind geschrumpft, pleite gegangen oder nicht auf Wachstum angelegt.

> Entlässt der Konzern Mitarbeiter, wird es für diese hart.

Und selbst da, wo es offene Stellen gibt, stimmt dann doch die Passung nicht: Zu sehr hat es sich in die Köpfe der Mitarbeiter eingeprägt, dass Verantwortung nichts für sie ist. Wahrscheinlich verzweifeln die mittelständischen Unternehmen und diese Mitarbeiter aneinander. Doch meist kommt es gar nicht so weit …

Übersicht

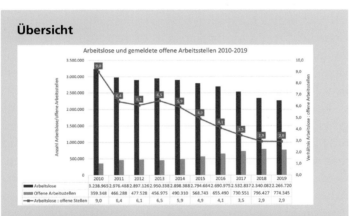

Von 2010 bis 2019 sind die Arbeitslosenzahlen in Deutschland deutlich gesunken (s. Abbildung oben: Verhältnis von Arbeitslosenzahlen und offenen Arbeitsstellen (Jahresdurchschnitt) im Zeitverlauf 2010-2019 (Bundesagentur für Arbeit 2020 via Bundeszentrale für politische Bildung & Statista)). Gleichzeitig wächst die Anzahl der offenen Arbeitsstellen, die an die Agentur für Arbeit gemeldet werden. Gut für die Arbeitnehmer, doch für die Unternehmen stehen so immer weniger Arbeitskräfte pro offene Stelle zur Verfügung. Die Wahrscheinlichkeit, dass ein Arbeitnehmer mit passenden Qualifikationen gefunden wird, der auch noch in der Region des Unternehmens lebt oder dorthin ziehen würde, wird immer geringer.

Ungebraucht

Mitarbeiter sind selten bereit, sich auf mehr Verantwortung oder mehr Flexibilität im Sinne von Umschulung oder Ortswechsel einzulassen. Wer will schon vom Schreibtisch in einen Pflegeberuf wechseln? Außerdem haben bis dahin ausländische Pflegekräfte diese Arbeitsplätze bereits eingenommen, die mit viel Aufwand aus dem Ausland angeworben und geschult wurden – und jetzt dort gute Arbeit leisten. Meist auch noch zu niedrigeren Gehältern, mit weniger Ansprüchen und mehr Bereitschaft zu einem überdurchschnittlichen Engagement.

Dieses Szenario gilt übrigens auch für einen Bereich, den ich noch gar nicht erwähnt habe: Traditionelle, eingefahrene Branchen wie die Bankenwelt stehen vor einem tiefgreifenden Umbruch. Auch hier werden in absehbarer Zeit viele Mitarbeiter mit unflexibler Haltung freigesetzt werden. Auch sie werden nur schwerlich Alternativen finden.

Von wegen also „dann tausche ich eben meinen Arbeitgeber". Die deutschen Unternehmen, die sich zukunftsorientiert aufstellen, ihre Innovationskraft bewahren und ihre nationalen wie internationalen Möglichkeiten nutzen, werden zwar weiter erfolgreich sein können. Der deutsche Arbeitsmarkt, der Binnenkonsum und vieles mehr, von dem unser Wohlstand heute abhängt, wird jedoch enorm leiden. Und mit ihm werden die Menschen leiden, die sich so daran gewöhnt haben, die Verantwortung anderen zu überlassen. Diese werden an ihrer Haltung auch dann nichts ändern, wenn ihre Lage sehr prekär wird.

Die Zeiten waren aber in Deutschland durchaus einmal anders. Was hat uns damals getragen, als Deutschland sich aufmachte und aus Trümmern eine neue kraftvolle Gesellschaft und Wirtschaft aufbaute?

Fazit

Die Bequemlichkeit der Deutschen kann auf Dauer schwere Folgen haben. Viele Arbeitnehmer meiden Verantwortung für sich und andere, doch zukunftsorientierte Unternehmen brauchen bald nur noch Mitarbeiter, die Verantwortung tragen. Der Mittelstand wird gezwungen, Bereiche ins Ausland zu verlagern. So gibt es immer weniger Arbeitsplätze für die zu bequemen Deutschen.

Übersicht

- 40% der Fachkräfte arbeiten noch im gleichen Beruf, auf den sie sich in ihrer Ausbildung oder ihrem Studium spezialisiert haben. (Hermann & Pela 2018)
- Für diejenigen, die in derselben Branche verblieben sind, war zu 67% das Spezialwissen in ihrer Branche ausschlaggebend. (Hermann & Pela 2018)
- 55% der Fachkräfte investieren gar keine Zeit oder nur einige Tage im Jahr in ihre berufliche Weiterbildung. (Hermann & Pela 2018)
- Nur 31% zählt die Bereitschaft, Verantwortung zu übernehmen, zu den wichtigsten Eigenschaften für eine erfolgreiche Karriere. (Hermann & Pela 2018)

Literatur

Arnold D, Butschek S, Steffes S & Müller D (2016). Digitalisierung am Arbeitsplatz. http://www.bmas.de/SharedDocs/Downloads/DE/PDF-Publikationen/a875-monitor-digitalisierung-am-arbeitsplatz.pdf?__blob=publicationFile&v=2. Zugegriffen: 23. November 2020.

Hermann A & Pela P (2018) StepStone Arbeitsreport. https://www.stepstone.de/Ueber-StepStone/wp-content/uploads/2018/09/StepStone_Arbeitsreport_Webversion.pdf. Zugegriffen: 23. November 2020.

Weiterführende Literatur

Bundeszentrale für politische Bildung (2020). Arbeitslose und Arbeitslosenquote. https://www.bpb.de/nachschlagen/zahlen-und-fakten/soziale-situation-in-deutschland/61718/arbeitslose-und-arbeitslosenquote. Zugegriffen: 23. November 2020.

Katterbach S & Stöver K (2019) Generation Y – Neue Ansprüche an Führungskräfte und Arbeitgeber. In: *Effektiver und besser Führen in Teilzeit.* doi: https://doi.org/10.1007/978-3-658-22937-5_6

Lixenfeld C (2016) Studie Sourcing 2016. https://www2.deloitte.com/content/dam/Deloitte/at/Documents/technology/IDG-SourcingStudie2016.pdf. Zugegriffen: 10. November 2020

Maisberger (o. D.) Reportage: Auf dem Weg in die neue Arbeitswelt. https://www.maisberger.de/newsroom/detail-ansicht/news/reportage-auf-dem-weg-in-die-neue-arbeitswelt/. Zugegriffen: 10. November 2020

ManpowerGroup (2019) Was Arbeitnehmer wirklich wollen – So schließen Sie die Qualifikationslücke. https://www.manpowergroup.de/fileadmin/manpowergroup.de/Studien/MPG_Whitepaper_TSS_2019.pdf. Zugegriffen: 10. November 2020

Pütter C (2019) Mehr Neuverträge: Outsourcing-Markt in Deutschland wächst deutlich. https://www.cio.de/a/outsourcing-markt-in-deutschland-waechst-deutlich,3600656. Zugegriffen: 10. November 2020

Sipgate GmbH (2018) Studie Arbeitsplatz der Zukunft 2018. https://www.arbeitsplatzderzukunft.de/wp-content/uploads/IDG-Studie_Arbeitsplatz-der-Zukunft_2018.pdf. Zugegriffen: 10. November 2020

SPLENDID RESEARCH GmbH (2018) Studie: Employer Attractiveness Monitor 2018. https://www.splendid-research.com/de/employer-attractiveness.html. Zugegriffen: 10. November 2020

Statista (2020). Bestand an gemeldeten offenen Arbeitsstellen in Deutschland im Jahresdurchschnitt 2010 bis 2020.

https://de.statista.com/statistik/daten/studie/2903/um-frage/jahresdurchschnittswerte-des-bestands-an-offenen-arbeitsstellen/. Zugegriffen: 23. November 2020.

Wellabe GmbH (o. D.) Was wünschen sich Arbeitnehmer heute von ihrem Arbeitgeber? https://www.wellabe.de/magazine/was-wuenschen-sich-arbeitnehmer-heute-von-ihrem-arbeitgeber. Zugegriffen: 10. November 2020

Kapitel 5: Ehemals besonders

„Made in Germany" war einmal ein attraktives Markenzeichen. Die Briten haben es Ende des 19. Jahrhunderts erfunden, um Kunden vom Kauf deutscher Waren abzuschrecken. Der Schuss ging damals schnell nach hinten los. Und spätestens nach dem Zweiten Weltkrieg wurden die drei Worte zum Synonym für den wirtschaftlichen Aufstieg Deutschlands. Und zum Synonym für Qualität. Zufall war dieser Aufstieg nicht.

Es steckte jede Menge Fleiß und Disziplin dahinter, viel Mut, Tatkraft und Entdeckergeist, brennender Drang, Innovationen zu schaffen, große Ambitionen und eine tiefe Identifikation mit dem unternehmerischen Erfolg. Wir nachfolgenden Generationen zehren noch heute von dem, was die Generationen vor uns damals aufgebaut haben.

Das Rad einfach zurückdrehen, indem wir das Erfolgsrezept von damals einfach kopieren, würde uns aber im Heute nicht helfen, erfolgreicher zu werden.

© Der/die Autor(en), exklusiv lizenziert durch Springer-Verlag GmbH, DE, ein Teil von Springer Nature 2021
A. Ternès, *Ferngesteuert?!*, https://doi.org/10.1007/978-3-662-62971-0_5

Erfolgszutaten von Gestern

Die Welt sah in den 1950er Jahren völlig anders aus: So war zum Beispiel die Zahl der industriell entwickelten Länder insgesamt wesentlich kleiner. Das in Deutschland vorhandene Know-how war noch außergewöhnlich und die Wirtschaftspolitik anders ausgerichtet. Auch die Arbeitswelt stand unter ganz anderen Vorzeichen: Die drei entscheidenden Kompetenzen damals waren der Fleiß, mit dem alle ans Werk gingen. Dann die Disziplin, mit der sich alle an die festgelegten Prozesse hielten. Und drittens die Präzision, mit der alle Beteiligten diese Prozesse ausführten. Das Zusammentun brachte die deutsche Wirtschaft damals zuverlässig und stark voran.

Doch das sind heute nicht mehr die Zutaten, die eine Wirtschaft zukunftsfähig machen. Wenn Sie und ich uns vor Augen halten, wie „Fleiß", „Disziplin" und „Präzision" verstanden wurden, wird schnell klar, warum das so ist.

> Fleiß, Disziplin und Präzision sind nicht mehr die Kompetenzen, die zukunftsfähig machen.

Denn brauchen Sie für eine Tätigkeit nur Disziplin und Präzision im Sinne von „viel, zuverlässig und genau arbeiten", landen Sie sofort bei einer ganz bestimmten Art von Aufgaben – nämlich denen, die Maschinen inzwischen in der Regel besser erledigen als Menschen. Die Wirtschaft können Sie damit nicht mehr groß machen.

Ich sehe allerdings auch kaum einen Grund, warum wir Jobs, in denen Menschen nur solche Aufgaben erledigten, nachtrauern und uns die alten Zeiten zurückwünschen sollten: Bei solchen Tätigkeiten rufen die meisten Menschen ihre eigentlichen Potenziale gar nicht ab.

Einfach die Art zu kopieren, wie die deutsche Nachkriegsgeneration das Wirtschaftswunder zustande gebracht hat, ist also nicht der Weg. Ich glaube aber, dass wir uns etwas anderes abschauen können – und sollten.

Übersicht

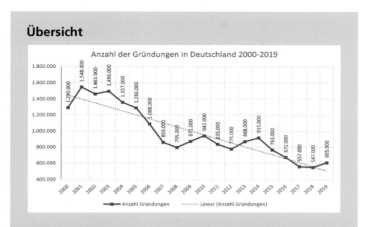

Anzahl der Gründungen in Deutschland 2000-2019

Schon wenn man nur die vergangenen 20 Jahre betrachtet fällt auf, wie stark die Anzahl der Gründungen zurückgegangen ist. 2019 gibt es nur noch knapp halb so viele Gründungen wie noch 2000. Und das, obwohl 2019 das erste Jahr seit 2014 ist, in dem wieder eine leicht steigende Entwicklung zu beobachten war (s. Abbildung oben: Anzahl der Gründungen in Deutschland im Zeitverlauf von 2000 bis 2019 (KfW via Statista 2020a)).

Erfolgszutaten für das Heute

Was die Menschen in der Wirtschaft damals auszeichnete, war ihr Glaube an sich selbst. Sie waren überzeugt, dass sie aus eigener Kraft den Karren aus dem Dreck ziehen können. Sie wollten selbst forschen, Innovationen entwickeln, Know-how und Erfahrungen sammeln. Sie gingen Risiken ein, im Vertrauen auf sich selbst und um neue Erkenntnisse zu gewinnen. Sie wollten es nicht bequem, sondern besser haben. Deshalb war das unternehmerische Denken positiv besetzt und ausgeprägt vorhanden.

Und auch die Politik glaubte an die Stärke der deutschen Wirtschaft. Sie vertraute der Marktwirtschaft und den Unternehmern vor Ort, sie legte den Mutigen unter ihnen keine Steine in den Weg. Im Gegenteil. Wer das Risiko auf sich nahm, Unternehmer zu werden, Geld aufzunehmen, Mitarbeiter einzustellen, Verantwortung zu übernehmen, der wurde unterstützt.

> Die Politik vertraute der Marktwirtschaft.

Getragen von diesem Vertrauen wurden unzählige Firmen gegründet oder erfanden sich neu. Sehr viele packten selbst an, in dem Glauben: Wir können und wollen etwas aufbauen in diesem Land. Und wir sehen die Verantwortung für unsere Entwicklung bei uns.

Wie anders sieht die Situation heute aus …

Übersicht

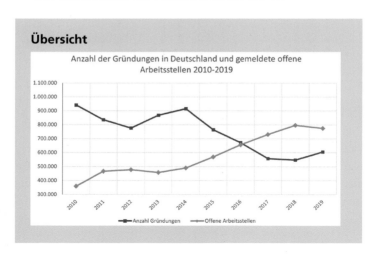

Anzahl der Gründungen in Deutschland und gemeldete offene Arbeitsstellen 2010-2019

Spannend wird es, wenn man die Anzahl der Gründungen für jedes Jahr mit dem Bestand der offenen Arbeitsstellen in Verbindung bringt (s. Abbildung oben: Anzahl der Gründungen in Deutschland im Verhältnis zu den gemeldeten offenen Arbeitsstellen (Jahresdurchschnitt) im Zeitverlauf von 2010–2019 (KfW 2020 & Bundesagentur für Arbeit 2020 via Statista 2020b)). Es fällt auf, dass die Graphen scheinbar gegensätzlich verlaufen. Tatsächlich liegt die Korrelation zwischen beiden Entwicklungen bei -0,96. Also ein mehr als eindeutiger Zusammenhang: sind wenige Jobs verfügbar, wird mehr gegründet. Gründen scheint wenig attraktiv zu sein, wenn es eine bequemere Alternative gibt.

Verkauf mangels Glaube

Immer mehr deutsche Unternehmen werden an Chinesen und andere ausländische Investoren verkauft: der sächsische Autozulieferer Koki, der schwäbische Betonpumpenhersteller Putzmeister, der Photovoltaik-Hersteller Sunways und der Maschinenbauer Krauss-Maffei, um nur einige Beispiele zu nennen. Dieser Trend ist für mich symptomatisch dafür, wie wenig Vertrauen der Mittelstand nur noch in seine Möglichkeiten hat. Oder aber auch in die Politik und in die Unterstützung seines Unternehmens.

Er gibt sein gesamtes Know-how ab, weil er keine Chance mehr sieht, in Deutschland damit noch auf einen grünen Zweig zu kommen. Er glaubt nicht mehr an förderliche Rahmenbedingungen in diesem Land.

Who's first?

Dieser mangelnde Glaube kommt nicht von ungefähr: Die Stimmung im Land ist keine pro Unternehmertum. Ich hielt vor einiger Zeit einen Vortrag vor einer Schulklasse der

12. Jahrgangsstufe. Die Schule liegt in einem Wohnviertel, in dem überwiegend Menschen mit einem überdurchschnittlichen Einkommen wohnen, die meisten in Einfamilienhäusern, darunter viele Unternehmer, Selbstständige, aber auch Beamte.

Ich fragte anschließend: „Wer von Euch hat denn Lust, sich später mal unternehmerisch zu betätigen?" Es meldete sich kein einziger. Zaghaft sagte einer später, vielleicht werde er mal das Unternehmen seines Vaters übernehmen, der sei Zahnarzt. Aber das wisse er noch nicht. So ein Risiko müsse man sich gut überlegen. Lieber etwas Sicheres.

Viele haben das Gefühl, dass Medien diesen Trend befeuern, ob gezielt oder einfach in der Wiedergabe traditioneller Rollenmuster. In Serien und Spielfilmen vor allem empfinden sie die Darstellung von Unternehmern als oftmals einseitig und einseitig negativ: Geldgierig am Rande der Legalität, mitarbeiterausbeutend, berechnend. Start-ups dagegen sind dort, aber auch in der allgemeinen Darstellung vor allem so lange attraktiv, bis sie sich zu gut aufgestellten Unternehmen entwickelt haben. Geht das Spielerische verloren und tritt das Geldverdienen ein, verliert das Unternehmen an positivem Image.

> Wird ein Schuldiger gesucht, hat diese Rolle in den Medien oftmals der mittelständische Unternehmer.

Dem Mittelstand, der in Deutschland den Wohlstand aufgebaut und gestärkt hat, fehlt es scheinbar im Gegensatz zu den internationalen Konzernen an Lobby. Ein Unternehmer kommentierte die Situation etwas verzweifelt: während wir unser Geld in die Entwicklung und Mitarbeiter stecken und für Lobby gar keine Zeit haben, stellt ein Konzern einfach ein paar Mitarbeiter für Lobbyarbeit ein. Für einen Konzern ist das ein Klacks. Statt kleine und mittelständische Unternehmen nachhaltig zu stärken, scheint die Politik vor den internationalen Konzernen, v. a. aus den USA und China zu kapitulieren.

Über „America first" ärgern sich viele, Deutschland als Exportland ganz besonders, denn die Straf- und Abgabezölle haben schon viele Unternehmen in die Knie gezwungen und zu drastischen Umsatzeinbußen geführt. Doch ich höre immer mehr Unternehmer fragen: „Warum sagen wir nicht ,Deutschland first' oder ,Europa first'? Sie sagen das nicht, weil sie sich abschotten wollen, sondern weil sie sich mehr Selbstbewusstsein wünschen. Und mehr Unterstützung im eigenen Land für ihre eigenen Produkte. Denn überlegen sie, die Produktion ins günstigere Ausland auszulagern, um ihre Zukunft zu sichern, ist der Widerstand groß, vor allem aus der Politik.

Dabei gibt es auch gute Zeichen: Ich meine, der Wunsch nach mehr Glaube an unsere eigene Stärke wächst bei vielen, trotz Krise. Und das ist gut so, denn ich fürchte, dass Deutschland sonst auch die Kraft noch verliert, die es heute noch besitzt.

Der Glaube an die eigene Stärke muss den Wunsch nach möglichst viel Bequemlichkeit ablösen. Diese Ablösung kann aber nicht in der Politik oder der Wirtschaft beginnen …

Fazit

In der Nachkriegszeit konnte die deutsche Wirtschaft nicht nur aufgrund von Kompetenzen wie Fleiß, Disziplin und Präzision stark wachsen, sondern vor allem auch durch den Glauben der Deutschen an sich selbst. Die Menschen wollten etwas wiederaufbauen, etwas schaffen, vorankommen – und dafür haben Sie das Steuer selbst in die Hand genommen. Daraus können wir wieder lernen. Heute gehen viele Menschen lieber auf Nummer sicher, anstatt ein Risiko einzugehen, damit eine Chance wahrzunehmen auf die Verwirklichung ihrer Ideen und Wünsche.

Übersicht

- Der Anteil der Deutschen zwischen 18 und 67 Jahren, die lieber beruflich selbstständig als angestellt sein würden, ist von 45 % im Jahr 2000 auf nur 26 % im Jahr 2019 gefallen. (Metzger 2020)
- Bei 24 % aller Existenzgründungen und 35 % der sogenannten Notgründungen würden die Gründer eine gut bezahlte Anstellung bevorzugen. (Metzger 2020)
- Von 605.000 Gründungen im Jahr 2019 sind nur 38 % Vollerwerbsgründungen – die restlichen 62 % sind Nebenerwerbsgründungen. (Metzger 2020)

Literatur

Metzger G (2020) KfW-Gründungsmonitor 2020. https://www.kfw.de/PDF/Download-Center/Konzernthemen/Research/PDF-Dokumente-Gr%C3%BCndungsmonitor/KfW-Gruendungsmonitor-2020.pdf. Zugegriffen: 23. November 2020

Spurk D, Volmer J, Hagmaier T & Kauffeld S (2013) Why are proactive people more successful in their careers? The role of career adaptability in explaining multiple career success criteria. https://www.uni-bamberg.de/fileadmin/uni/fakultaeten/ppp_lehrstuehle/organisationspsychologie/Publikationen_JV/Spurk_Volmer_Hagmaier_Kauffeld_Why_are_proactive_people_more_successful_in_their_careers_2013.pdf. Zugegriffen: 12. November 2020

Statista (2020a) Anzahl der Gründer in Deutschland im Zeitraum von 2000 bis 2019. https://de.statista.com/statistik/daten/studie/183869/umfrage/entwicklung-der-absolutengruenderzahlen-in-deutschland/. Zugegriffen: 23. November 2020

Statista (2020b). Bestand an gemeldeten offenen Arbeitsstellen in Deutschland im Jahresdurchschnitt 2010 bis 2020. https://de.statista.com/statistik/daten/studie/2903/umfrage/jahresdurchschnittswerte-des-bestands-an-offenen-arbeitsstellen/. Zugegriffen: 23. November 2020.

Weiterführende Literatur

Bertelsmann Stiftung (2020) Vertrauen in Deutschland: Eine qualitative Wertestudie. https://www.bertelsmann-stiftung.de/fileadmin/files/BSt/Presse/imported/downloads/xcms_bst_dms_30530_30531_2.pdf. Zugegriffen: 10. November 2020

Eurich T (2018) What Self-Awareness Really Is (and Ho to Cultivate It). https://hbr.org/2018/01/what-self-awareness-really-is-and-how-to-cultivate-it. Zugegriffen: 12. November 2020

Holgate S A (2012) Successful Careers: A Matter of Confidence. https://www.sciencemag.org/careers/2012/11/successful-careers-matter-confidence. Zugegriffen: 12. November 2020

Lemper-Pychlau M (2015) Selbstvertrauen als Schlüsselfaktor. In: *Mehr erreichen.* doi: https://doi.org/10.1007/978-3-658-05779-4_1

PricewaterhouseCoopers GmbH (2019) Deutsche Unternehmen vor allem für US-amerikanische Investoren attraktiv: PwC-Analyse der M&A-Aktivitäten ausländischer Investoren 2019. https://www.pwc.de/de/private-equity/deutscheunternehmen-vor-allem-fuer-us-amerikanische-investoren-attraktiv.html. Zugegriffen: 10. November 2020

Rövekamp M (2017) Ein uraltes Streben: Was den Menschen glücklich macht. https://www.tagesspiegel.de/wirtschaft/ein-uraltes-streben-was-den-menschen-gluecklich-macht/20787732.html. Zugegriffen: 10. November 2020

Kapitel 6: Übernehmen, bitte

An alle, die es sich so gründlich bequem gemacht haben: Es gibt es nur einen einzigen Menschen, der daran etwas ändern und Sie wieder auf den Pilotensitz Ihres Lebens setzen kann: Das sind Sie selbst.

Es nützt uns gar nichts, wenn wir kollektiv nach dem einen rufen, der Wirtschaft und Gesellschaft wieder auf einen guten Kurs bringen soll. Wenn wir nicht bei uns selbst anfangen, bleibt jeder Appell zwecklos: Kein Chef, kein Politiker, keine Eltern werden es für uns richten. Wir selbst müssen aktiv werden.

Dafür müssen wir allerdings erst einmal eines erkennen: Warum handeln wir, wie wir handeln? Die Selbstreflexion ist immer der erste Schritt.

> Die Selbstreflexion ist immer der erste Schritt.

A. Ternès, *Ferngesteuert?!*, https://doi.org/10.1007/978-3-662-62971-0_6

Übersicht

Obwohl Selbstreflexion als Kreislauf dargestellt wird, der ständig wiederholt wird, gibt es doch einen Anfangspunkt (s. Abbildung oben: Kreislauf der Selbstreflexion (DeSelfie, 2018)). Meist wird der Prozess durch eine neue Situation ausgelöst, die das eigene Leben betrifft – etwa eine Trennung, eine Kündigung oder ein Umzug. Der nächste Schritt ist, sich bewusst mit der Situation auseinanderzusetzen und damit, woran zu arbeiten ist. Dann müssen Ziele gesetzt werden: wohin soll der Weg gehen und wozu? Die Ziele müssen erreichbar und nachvollziehbar sein und auch regelmäßig geprüft werden. Ist das Ziel erreicht, stellt sich die Frage: bin ich jetzt zufrieden? Was kommt als Nächstes?

Die Möwe Jonathan

Als ich die Polin Melina kennenlernte, hatte sie gerade eine Online-Plattform eröffnet, über die sie Geschäftsbeziehungen zwischen dem deutschsprachigen Raum und Osteuropa vermittelte. Wir kamen ins Gespräch und sie erzählte mir ihre Geschichte:

„Ich bin als Jugendliche mit meinen Eltern nach Deutschland gekommen. Ich habe eine Sekretärinnenausbildung absolviert und dann in einem kleinen Import-Export--Unternehmen gearbeitet. Ab und zu begleitete ich Unternehmenspartner und gab die Hobby-Dolmetscherin. Die Bezahlung war schlecht, Wertschätzung bekam ich weder von meinem Arbeitgeber noch von meinen Auftraggebern. Aber: Es war bequem, brav morgens zur Arbeit zu gehen und dafür Geld zu bekommen – wenig, aber genug, um alles zu bezahlen. Ich hatte das Gefühl, dass ich halt eben funktionieren muss."

„Und dann?", fragte ich.

Sie antwortete mit einem Lächeln: „Dann bekam ich das Buch ‚Die Möwe Jonathan' geschenkt. Und fing an, darüber nachzudenken, woran es liegt, dass ich mich so mutlos und ausgeliefert fühle. Und ich habe verstanden: Das lag ja gar nicht an den Umständen oder den anderen …"

Ich verstand: Nach dieser Erfahrung gelang es Melina, ihr Leben in die Hand zu nehmen und selbstbestimmt zu leben. Weil sie das Steuer übernahm und anfing, ihr Leben zu gestalten.

Die wichtigste Kompetenz

Wer nicht bereit ist, sich selbst zu reflektieren, die Richtung selbst zu bestimmen und den eigenen Weg zu gehen, lässt sich steuern: von seiner eigenen Bequemlichkeit und von Interessen anderer. Er bestimmt nicht selbst, sondern lässt über sich bestimmen. Das Nachdenken über sich ist dabei immer der erste Schritt.

Allerdings reicht Nachdenken allein nicht aus. Viele Menschen bleiben bei diesem Schritt stehen. Es muss etwas dazu kommen, was in meinen Augen eine der wichtigsten Zukunftskompetenzen überhaupt ist: die Bereitschaft zur Veränderung.

> Eine der wichtigsten Zukunftskompetenzen überhaupt: die Bereitschaft zur Veränderung.

Die intensivste Selbstreflexion nützt nichts, wenn danach der Wille zur Veränderung fehlt – und die Veränderung nicht gelebt wird.

Eine persönliche Veränderung ist übrigens keine Frage des Intellekts, des Geldes oder der Umstände, es ist ausschließlich eine Frage der Bereitschaft: Wollen Sie sich aus der eigenen Bequemlichkeit aufmachen und sich auf positive Überraschungen einlassen – oder nicht?

Ausreden gelten nicht.

Übersicht

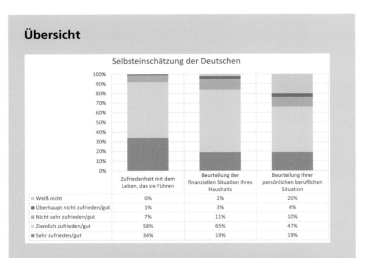

Selbsteinschätzung der Deutschen		
	Zufriedenheit mit dem Leben, das sie Führen	Beurteilung der finanziellen Situation Ihres Haushalts	Beurteilung Ihrer persönlichen beruflichen Situation
■ Weiß nicht	0%	2%	20%
■ Überhaupt nicht zufrieden/gut	1%	3%	4%
■ Nicht sehr zufrieden/gut	7%	11%	10%
▪ Ziemlich zufrieden/gut	58%	65%	47%
■ Sehr zufrieden/gut	34%	19%	19%

Den meisten Menschen in Deutschland geht es im Vergleich objektiv gesehen gut, in ihrer finanziellen Situation, ihrer beruflichen Situation und ihrem Leben allgemein So sehen es auch die meisten Deutschen selbst (s. Abbildung oben: Selbsteinschätzung der Deutschen (Europäische Kommission 2020)). Dennoch zeigt die Selbsteinschätzung, dass noch Luft nach oben ist. Kontinuierliche Selbstreflexion zeigt auf, wo noch Potenzial ist. Und wer bereit ist, kann Veränderungen wagen und sein Leben weiter verbessern.

So schlecht?

Praktisch keinem unter uns geht es so schlecht, dass er nicht in der Lage wäre, etwas an sich und seiner Haltung zu ändern. Wenn Sie jemanden treffen, der meint, dass es ausgerechnet bei ihm anders sei: Dann reicht es, an Menschen wie Raul Krauthausen oder Samuel Koch zu erinnern.

Raul Krauthausen kam mit der Glasknochenkrankheit auf die Welt und sitzt seit langem im Rollstuhl: Er hätte Ausreden genug, um die Verantwortung für sein Leben anderen zu überlassen. Doch er ist einer von Deutschlands bekanntesten Aktivisten zu den Themen Inklusion und Barrierefreiheit.

Samuel Koch wollte 2010 mit seinem waghalsigen Auftritt in „Wetten, dass …" für seine Bekanntheit als Schauspieler sorgen. Nach seinem Unfall in der Show und der Lähmung vom Hals abwärts dachte jeder: Seinen Beruf und überhaupt seine Träume von erfolgreicher Schauspielerei kann er jetzt vergessen. Und heute? Samuel Koch ist aus dem Fernsehen nicht mehr wegzudenken, tritt im Theater auf, hat sein privates Glück gefunden, engagiert sich für andere.

Häufig sind es Krisen, die Menschen zum Nachdenken und zur Veränderung nach vorn bringen: Wer weiß, wie das Leben von Samuel Koch ohne den Unfall verlaufen wäre. Vielleicht kam dieser unbändige Lebenswille in ihm erst richtig zum Vorschein, als sein Leben zu Ende schien.

> Häufig sind es Krisen, die Menschen zum Nachdenken und zur Veränderung bringen.

Ob durch eine Krise oder durch Einsicht: Jeder kann das Steuer in seinem Leben übernehmen. Das macht Leben zwar nicht bequemer, aber intensiver, bereichernder und erfüllter. Garantiert.

In der Kraft

Der wichtigste Effekt, wenn Menschen nicht mehr so bequem sind: Sie kommen endlich wieder in ihre Kraft. Das ist der eigentliche Punkt, ihm folgt alles andere. Wer sich in seiner Kraft fühlt, traut sich etwas zu. Er probiert Dinge aus, entdeckt neue Stärken an sich, sieht die Chancen und nicht nur die Risiken, schaut nach vorne und entwirft ein „big picture". Er will etwas bewirken, er kann etwas bewirken.

Solche Menschen strahlen diese Kraft auch aus. Sie stecken andere mit dieser Haltung an.

Und je mehr Menschen auf diese Weise in ihre Kraft kommen, desto besser für uns alle. Worauf warten wir noch? Auf bessere Zeiten?

Fazit

Weiterzumachen wie bisher ist meist bequem. Wenn wir aber vorankommen und unser Leben verbessern möchten, müssen wir das Steuer selbst in die Hand nehmen. Selbstreflexion ist dabei nur der erste Schritt. Mindestens genauso wichtig ist die Bereitschaft, Veränderungen zu akzeptieren und anzugehen. Und: Weitermachen wie bisher ist eigentlich gar nicht möglich. Wir können entscheiden – ob wir uns selbst proaktiv weiterentwickeln oder treiben lassen durch den digitalen Wandel bzw. durch Veränderungen von außen, die Verhaltensänderungen von uns verlangen.

Übersicht

- Auf einer Skala von 1-10 schätzen Deutsche ihre Lebenszufriedenheit im Durchschnitt auf 7 ein. (OECD 2015)
- Damit liegt Deutschland auf dem siebten Platz unter allen OECD-Staaten. (OECD 2015)
- 65 % der Deutschen erwartet, dass sich ihr Leben im Allgemeinen in den nächsten 12 Monaten weder verbessert noch verschlechtert. 24 % erwarten eine Verbesserung und 9 % erwarten sogar eine Verschlechterung. (Europäische Kommission 2020)

Literatur

DeSelfie (2018) Selbstreflexion: Definition, Methoden, hilfreiche Fragen, Nutzen und Zusammenhänge verstehen. https://deselfie.de/was-ist-selbstreflexion/#wasistselbstreflexion. Zugegriffen: 24. November 2020.

Europäische Kommission (2020) Standard-Eurobarometer 93 Anlage: Die öffentliche Meinung in der Europäischen Union. https://ec.europa.eu/commfrontoffice/publicopinion/index.cfm/ResultDoc/download/DocumentKy/90798. Zugegriffen: 24. November 2020.

OECD (2015) Lebenszufriedenheit. http://www.oecdbetterlifeindex.org/de/topics/life-satisfaction-de/. Zugegriffen: 24. November 2020.

Weiterfuehrende Literatur

Bös, N (2019) Mitarbeiten fürchten die Digitalisierung, fühlen sich selbst aber nicht bedroht. https://www.faz.net/aktuell/karriere-hochschule/buero-co/mitarbeiter-fuerchten-die-digitalisierung-fuehlen-sich-selbst-aber-nicht-bedroht-16505404.html. Zugegriffen: 10. November 2020

Capgemini (2019) Erst wenige Unternehmen zu wirklichen Veränderungen bereit. https://www.capgemini.com/de-de/news/

change-mangement-studie-erst-wenige-unternehmen-zu-wirklichen-veraenderungen-bereit/. Zugegriffen: 10.11.2020

Freyth, A (2017) In sieben Schritten persönliche Veränderungs-intelligenz stärken. https://www.springerprofessional.de/change-management/mitarbeitermotivation/in-sieben-schritten-zur-veraenderungsintelligenz/15189244. Zgegriffen: 10. November 2020

Führmann U (2018) Toolbox-Kolumne, Teil 2: So funktioniert Selbstreflexion. https://interne-kommunikation.net/so-funktioniert-selbstreflexion. Zugegriffen: 10. November 2020

Kanter R M (2012) Ten Reasons People Resist Change. https://hbr.org/2012/09/ten-reasons-people-resist-chang. Zugegriffen: 12. November 2020

Mauritz S (o. D.) Eigenverantwortung als Resilienz Kompetenz. https://www.resilienz-akademie.com/eigenverantwortung/. Zugegriffen: 10. November 2020

Schreck K (2017) Veränderungsmanagement: Informelles Lernen reduziert Stress. https://www.haufe-akademie.de/blog/veraenderungsmanagement/. Zugegriffen: 10. November 2020

Stanke, T (2020) Verantwortung übernehmen ist die Basis des Erfolgs. https://blog.mindvalley.com/de/verantwortung-ubernehmen/. Zugegriffen: 10. November 2020

Kapitel 7: Wohlstandsstark

Warten auf *noch* bessere Zeiten? Bei allem Lamento und getrübten Zukunftsaussichten: Objektiv gesehen geht es uns noch sehr, sehr gut. Wir genießen in Europa Frieden, Wohlstand und einen hohen Gesundheitsstandard – zumindest die meisten von uns. Und insgesamt so viele wie nie zuvor in der Geschichte.

Zwei weitere Punkte möchte ich darüber hinaus aufführen: unser Bildungssystem und das, was uns zusammenschweißt. Beides möchte ich etwas genauer ansehen …

Wiederaufbau

Wir können uns auf ein funktionierendes Bildungssystem stützen – beziehungsweise auf das, was ein föderalistisches System mit starken Optimierungsmöglichkeiten im finanziellen und inhaltlichen Bereich aktuell bietet. Leider wird gerade das von diesem System, was großartig ist und ein

A. Ternès, *Ferngesteuert?!*, https://doi.org/10.1007/978-3-662-62971-0_7

Vorbild für viele andere Länder, im Land selbst kaum wertgeschätzt. Und das, was man verändern müsste, ist noch wie zu alten Zeiten. Wie bei allem, was wie selbstverständlich und grundständig einfach irgendwie läuft, wurde der öffentliche Bildungsbereich immer mehr vernachlässigt. Und viel mehr noch: Früher hatte die Bildung, auch die von Kindern und Jugendlichen, die schulische Bildung und die Lehrkraft an sich einen sehr hohen Stellenwert und hohes Ansehen. Seit Jahren gilt schulische Bildung generell in der Öffentlichkeit als keine attraktive Branche und Lehrkräfte haben eine schlechte Reputation. Dahinter steht nicht allein der Groll vieler gegen das Beamtentum von Lehrkräften, die durch diese Sicherheit nach Meinung der Kritiker fauler sind, vermehrt krank, nicht interessiert am Wohl der Schüler... Dahinter steht handfeste Kritik. Und eine Bildungspolitik, der der Föderalismus, so wie er gelebt wird, in vielen Facetten nicht gutgetan hat. Der Gedanke hinter der Idee für den Föderalismus von Bildung war angesichts der Erfahrungen mit dem NS-Regime nachvollziehbar. Neben der Dezentralisierung und der größeren Freiheiten gegenüber dem Bund gab das den Bundesländern mehr Möglichkeiten für eigene Modelle, wie Schulversuche beziehungsweise Alternativschulen. Vergleichbarkeit allerdings sieht anders aus und die Verständigung dazu ist alles andere als rund – ohne Not. Und ohne Rücksicht auf die, um die es geht, die Kinder. Während sich einige Bundesländer zusammengetan haben, um Weiterentwicklungen gemeinsam zu überlegen und Erfahrungen zu teilen, fehlt eine bundesweite Qualitäts-Grundlage als Basis, um Vergleichbarkeit zu unterstützen. Denn wenn ein Kind von einem anderen Bundesland nach Bayern zieht, kann es nicht sein, dass es nicht mitkommt und die Folge der Ruf nach einem niedrigeren bundesweiten Bildungsniveau ist.

Vielmehr sollte Vielfalt gefördert werden. Das ist Chancengerechtigkeit richtig verstanden: Vielfalt in der Art zu lernen, im Aufnahme- und Verarbeitungsvermögen und in der Begabung. Wenn durch den Trend zur Akademisierung die nicht-akademischen Berufe eine schlechtere Reputation haben – dann muss man sich nicht wundern, wenn der Hang zum Studieren so hoch ist, auch von jungen Menschen, die im Handwerk ihre Begabung haben und sich durch ein Studium quälen. Oder die danach keinen Job bekommen. Dann würde auch Chancengerechtigkeit anders interpretiert werden. Dann wäre ein Schreiner, der beim Bau dringend benötigt wird und gut verdienen kann, ebenso viel wert wie ein Professor oder Rechtsanwalt.

Übersicht

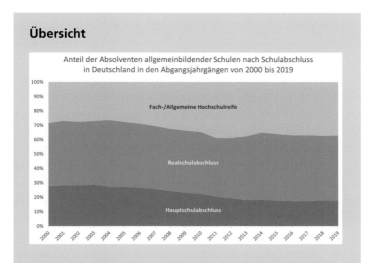

Anteil der Absolventen allgemeinbildender Schulen nach Schulabschluss in Deutschland in den Abgangsjahrgängen von 2000 bis 2019

Fach-/Allgemeine Hochschulreife

Realschulabschluss

Hauptschulabschluss

Die Verteilung der Bildungsabschlüsse verschiebt sich: immer mehr Schüler in Deutschland verlassen die Schulen mit der Hochschulreife, immer weniger mit dem Hauptschulabschluss (s. Abbildung oben: Anteil der Absolventen allgemeinbildender Schulen nach Schulabschluss in Deutschland in den Abgangsjahrgängen von 2000 bis 2019 (Statistisches Bundesamt 2020)). An einem verbesserten Schulwesen liegt das allerdings nicht unbedingt, sondern an der Akademisierung unserer Gesellschaft. Selbst Schüler, die Interesse an nicht-akademischen Berufen haben – etwa im Handwerk – glauben zunehmend, nur mit einem Studium oder zumindest mit einem hohen Schulabschluss gute Chancen am Arbeitsmarkt zu haben.

Der Digitalpakt, bei dem der Bund seit 2019 über einen Zeitraum von 5 Jahren 5 Mrd. Euro an Schulen aller Bundesländer für eine bessere Ausstattung mit digitaler Technik zur Verfügung stellt (BMBF 2020), wurde von einigen Bundesländern nur ungern geschlossen. Denn er regelt genau, wofür das Geld verwendet werden darf. An für sich gut, dass der Bund sich Gedanken gemacht hat, Geld für die Modernisierung der Schulen zur Verfügung zu stellen. Aber die Verwendung der Mittel ist allein auf die Digitalisierung ausgerichtet.

Wenn das Geld für hohe Qualitätsstandards, für eine Bildung für die Zukunft verwendet werden könnte, dann wäre das ein Schritt in die richtige Richtung. Doch das Geld ist überwiegend für die Ausstattung mit Hardware und Internet gedacht. Wie sehr aber hilft Schulen mit Renovierungsstau und Lehrermangel, bei denen Gewalt und Mobbing unter Schülern an der Tagesordnung sind, Hardware und Internet? Es scheint, als hätten die Entscheider des Digitalpakt-Inhalts es gut gemeint, aber ihre Ideen mit einer großen Portion Realitätsferne umgesetzt. Denn was ist mit dem Digitalpaktgeld passiert? In vielen Bundesländern wenig. Bei Lehrermangel fehlt vor Ort nicht nur derjenige, der sich um die Beantragung und Verwendung der Fördermittel kümmert – sondern auch der, der sich später um die Hardware kümmert.

Wenn der Spiegel schreibt: „Besser als der internationale Durchschnitt, aber nicht richtig gut: Beim neuen Pisa-Test kommen die Schüler in Deutschland beim Länder-Ranking weit nach oben – trotzdem gibt es einige alarmierende Befunde. [...] In allen Themenfeldern schneiden die Jugendlichen im Schnitt schlechter ab als in Estland, Finnland, Hongkong, Irland, Polen oder Singapur. Außerdem sind die Unterschiede in den Leistungen hierzulande teils immens" (Fokken 2019), legt der den Finger in die Wunde. Zwar bezieht er sich auf die PISA Studie 2019. Aber: Grundlegendes ist seitdem nicht passiert und nicht erst seit den PISA-Ergebnissen wissen Entscheider aus Politik, Wirtschaft, Wissenschaft und Bildung, dass in der Bildung etwas passieren muss. Gut wäre es, wenn die Maßnahmen im Bildungsbereich mit Weitblick, ganzheitlich und nachhaltig durchdacht und umgesetzt werden.

Dabei sollte Bildung das Herz einer Gesellschaft sein, sie kann die Grundlage für Innovationen, für die Zukunftsfähigkeit eines Landes sein und sollte einen hohen Stellenwert für die Politik haben.

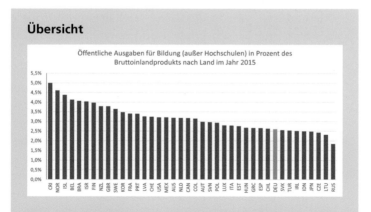

Übersicht

Öffentliche Ausgaben für Bildung (außer Hochschulen) in Prozent des Bruttoinlandprodukts nach Land im Jahr 2015

Ein wohlfinanziertes Schulsystem allein ist kein Erfolgsgarant. Trotzdem ist die staatliche Finanzierung des öffentlichen Schulwesens ein wichtiger Faktor – und ein Indikator dafür, welche Priorität Bildung einnimmt (s. Abbildung oben: Öffentliche Ausgaben für Bildung (außer Hochschulen) in Prozent des Bruttoinlandprodukts nach Land im Jahr 2015 (OECD 2020-3)). Gemessen am Bruttoinlandsprodukt sind die öffentlichen Ausgaben für Bildung in Deutschland mit 2,6 % deutlich unter dem Durchschnitt von 3,2 % unter den Ländern in der Grafik. Unter den Spitzenreitern sind prominent die skandinavischen Länder wie Norwegen (4,6 %) vertreten, aber auch Länder wie Frankreich (3,4 %), das Vereinigte Königreich (3,8 %) und die Vereinigten Staaten (3,2 %).

Das haben andere Länder erkannt, bei denen Bildung an Platz 1 steht. Wenn wir als Deutschland weiterhin ein Land sein wollen, in dem aus Vielfalt, Disziplin und Forscherdrang Innovationen geboren werden, in dem kreatives Know-how Gestalt bekommen kann, dann sollte Folgendes passieren:

1. Anbietervielfalt gewährleisten durch eine solide finanzielle Unterstützung von Privatschulen bundesweit
2. Methodische und didaktische Vielfalt und Qualität gewährleisten durch einen bundesweiten Zugang zu analogen und digitalen Lernmaterialien, Unterlagen, Hilfsmitteln, durch ein pädagogisch angemessenes Bewertungssystem, durch Lernformen, die für die Entwicklung eines Kindes und für seine Entfaltung optimal gewählt sind
3. Chancengerechtigkeit gewährleisten durch Leistungsstipendien
4. Schülern in ihrer Entwicklung fördern durch eine entsprechende Kompetenzvermittlung in Projekt- und Freiarbeits-Lernformen und der Förderung von Entrepreneurship-Bildung

5. Modernes Lernen und den Umgang mit Digitalisierung fördern durch die Ausstattung aller Schulen bundesweit mit Internet, Geräten, Software, Weiterbildungen des gesamten Lehrkörpers und eines eigenen IT-Beauftragten

6. Reform der Lehrerausbildung in Hinblick auf Themen, persönliche, soziale und digitale Kompetenzen, Methodik- und Didaktik-Knowhow, Auswahl der geeigneten Kandidaten, attraktiver Entlohnungsalternativen zur Verbeamtung

7. Schaffung staatlich finanzierter bundesweiter Leistungsstipendien auch für Privatschulen

8. Stärkung der Vergleichbarkeit zwischen Bundesländern durch ein einheitlich hohes bundesweites Niveau

9. Stärkung der Reputation von nicht-akademischen Berufen

10. Stärkung von Inhalts-, Methodik-, Persönlichkeits-, Sozial- und Digitalkompetenzen-Vermittlung

> Wir haben schulische Bildung, die Grundlage der Zukunft jeden Landes, schleifen lassen.

Da ich mich auch im Bildungsbereich engagiere, bekomme ich häufig zu hören: „Was Ihr mit GetYourWings macht, ist wirklich klasse. Aber sag mal: Warum macht Ihr das? Das ist doch die Aufgabe des Staates. Wenn solche wie Ihr dem Staat die Arbeit wegnehmen, ist es doch klar, dass der Staat nichts unternimmt." Und ich antworte dann: „Wenn der Staat es aber nicht macht und ich möchte, dass es den Kindern gut geht und wir in Deutschland eine Perspektive haben – dann tue ich doch etwas und warte nicht ab. Der Staat sieht ja, was Initiativen wie wir machen, wie wir mit

Schulen zusammenarbeiten und könnte dieses Engagement von den vielen NGOs unterstützen und oder auch selbst übernehmen. Das ist ja kein Widerspruch."

Ich bin sicher, dass wir nach wie vor eine gute Basis haben, um unser Bildungssystem zukunftsfähig zu machen. Wir brauchen nur wieder das Verständnis dafür, was wir haben, wie das System fern von Machtinteressen optimal aufgestellt werden kann.

Das gilt übrigens nicht nur für die schulische Bildung: Auch die frühe Bildung an Kindergärten und Kitas ist an vielen Orten nicht optimal. Es darf nicht sein, dass man mit schlecht ausgebildeten, schlecht bezahlten Betreuungskräften versucht, jedem Kind einen Kita-Platz zu gewährleisten. Und auch die finanzielle Unterstützung für Eltern, die ihre Kinder zuhause betreuen, ist ein falscher Wegweiser. Es kommt darauf an, gerade auch bei den ganz Kleinen hohe Qualität in der Früherziehung zu garantieren. Die Eltern, die ihre Kinder meist nicht in die Kita geben, um das Geld zu bekommen, sind oft nicht die Kinder von gutverdienenden Eltern. Und dann ist das Geld das falsche Signal, Kinder zuhause zu behalten. Diese profitieren nämlich dann nicht vom Kontakt mit anderen Gleichaltrigen und von einer Früherziehung, die sie fördern kann in ihren Kompetenzen und Interessen. Erzieher ist ein Beruf, der von den Kräften viel abverlangt. So sollte er auch bezahlt werden.

Wir können nach wie vor und mit Anstrengung und Geld in diesem Land Bildung optimieren. Und noch etwas kann uns wirklich helfen …

Selbstreinigende Zeiten

Ich bin selbst Unternehmerin. Wenn ich mir ansehe, was mein Team so stark macht, ist das nicht nur eine klare Vision, Motivation und fachliche Kompetenz. Es ist vor allem dieses: Wir wissen, dass wir uns aufeinander verlassen können. Wir halten zusammen und der eine ist für den anderen da. Unsere gegenseitige Wertschätzung ist die Grundlage für eine konstruktive, positive Zusammenarbeit und für ein erfolgreiches zukunftsorientiertes Schaffen miteinander.

So wie eine Krise einen reinigenden Effekt für den Einzelnen haben kann, hat sie ihn auch für Gemeinschaften: In schwierigen Zeiten erkennen Sie, wo die Menschen stehen.

> Eine Krise kann den Zusammenhalt stärken.

Auch deshalb ist es mir wichtig, das Bewusstsein in diesem Land zu schärfen, dass die weit verbreitete Bequemlichkeit unseren Wohlstand und unsere Zukunft gefährdet. Es ist dringend Zeit, dass sich etwas bewegt und das fängt bei jedem von uns an.

Das aber ist eine Entscheidung, die jeder für sich treffen muss. Ich habe in meinem Freundeskreis viele, die sehen, dass und warum einiges in Deutschland nicht gut läuft. Doch anstatt zu sagen „Dann lasst uns hier beginnen, etwas zu ändern", sprechen sie lieber nur darüber, wie schlecht es um dieses Land steht und was alles schiefläuft.

Dabei gibt es gerade unter den Unternehmern auch positive Beispiele. Drei will ich Ihnen nennen …

Kreativ, nachhaltig, zusammen

Da ist beispielsweise Adidas: Die Firma ist nicht nur nah am Markt und folgt Kundenwünschen wie zum Beispiel dem nach individualisierbarem Design. Die drei Erben des Gründers haben vor einiger Zeit auch einen Accelerator für Start-ups aus dem Sport-Tech-Bereich ins Leben gerufen. Mit ganzheitlichem Blick bewerten und fördern sie die Ideen junger Gründer in ihrem Bereich (Adidas o.J.).

Adidas versteht es auch, immer wieder hervorragende Mitarbeiter zu finden und zu binden, obwohl Herzogenaurach nicht gerade der Ort ist, an den es Menschen aus Metropolen hinzieht. Doch das Unternehmen hat es geschafft, dort ein Campus-Feeling zu kreieren, wie Sie es sonst nur in den USA oder in Großbritannien erleben.

Auf dieses Gemeinschaftsgefühl versteht sich auch der Kleidungshersteller Trigema: Das Unternehmen beschäftigt Familien in mehreren Generationen. Im Gegensatz zu allen anderen Textilfirmen rundherum musste es seine Produktion nicht ins Ausland verlagern, sondern lebt den Zusammenhalt regional, vor Ort.

Zusammenhalt sowie Investitionen in Nachhaltigkeit und Kreativität sind auch das, was mein drittes Beispiel auszeichnet: die Firma cosnova. Das Unternehmen aus Hessen gehört zu den Weltmarktführern im Bereich Kosmetik. Es wird von einer jungen Familie im Verbund geführt – ein Familienunternehmen par excellence: Einer steht für den anderen ein, man redet und diskutiert miteinander, setzt sich auseinander und findet wieder zusammen (Connelly 2017).

Die Familie nimmt das Thema Verantwortung sehr ernst: für ihre Kunden, für ihre Produkte, für ihre Mitarbeiter. Ein jährlicher Nachhaltigkeitsreport weist aus, *wie* ernst sie es damit meinen. Darüber hinaus hat sie unter anderem ein eigenes Unternehmen für kreatives Upcycling gegründet: „Trash2Treasure" (https://www.trash2treasure.eu/) bringt Designer und Firmen zusammen, damit aus Abfallprodukten neues Design entsteht, das genutzt werden kann.

Fazit

Oft vergessen wir, wie gut es uns in Deutschland geht mit Systemen wie der Sozialen Marktwirtschaft. Unser Bildungssystem steht im internationalen Vergleich nicht schlecht da, doch es gibt großes Optimierungspotenzial. Wichtig ist deshalb, dass Politik, Wirtschaft und Gesellschaft zusammenarbeiten: wer gute Ideen hat, sollte auch dem öffentlichen Bildungswesen unter die Arme greifen. Auch darüber hinaus sind Organisationen wichtig für unsere Gesellschaft, die mit gutem Beispiel vorangehen, Innovationskraft antreiben und Verantwortung übernehmen.

Übersicht

- Bis Mitte August 2020 haben die Länder nur 5 Prozent der im Digitalpakt bereitgestellten Gelder des Bundes in Höhe von 5 Milliarden Euro beantragt. (Lehmann 2020)
- In der Pisa-Studie 2019 belegt Deutschland Platz 15 unter den 37 OECD-Ländern und Platz 20 im Ranking aller 79 teilnehmender Länder. (Fokken 2019)
- Der Anteil der 25- bis 34-Jährigen mit Tertiärabschluss ist in Deutschland von 26 % im Jahr 2009 um fast 8 Prozentpunkte auf 33 % im Jahr 2019 angestiegen. (OECD 2020-1)

Literatur

Adidas (o.J.) Adidas Platform A. https://www.adidas-group.com/platform-a/. Zugegriffen: 21. November 2020

BMBF (2020) DigitalPakt Schule: Das sollten Sie jetzt wissen. https://www.bmbf.de/de/wissenswertes-zum-digitalpakt-schule-6496.php. Zugegriffen: 21. November 2020

Connelly A (2017) cosnova-Gründerin Christiane Oster-Daum: „Ich kann Kosmetik, mein Berater kann Geldanlage". https://www.hermoney.de/ihr-leben/ich-kann-kosmetik-mein-berater-kann-geldanlage/. Zugegriffen: 21. November 2020

Fokken S (2019) Deutschland beim neuen Pisa-Test im oberen Mittelfeld. https://www.spiegel.de/lebenundlernen/schule/pisa-studie-der-oecd-deutschland-landet-im-oberen-mittelfeld-a-1299249.html. Zugegriffen: 21. November 2020

Lehmann A (2020) Digitalpakt-Gelder bleiben liegen. https://taz.de/Digitalisierung-der-Schulen/!5710635/. Zugegriffen: 30. November 2020.

OECD (2020-1) Bildung auf einen Blick 2020: OECD-Indikatoren. https://www.oecd-ilibrary.org/education/bildung-auf-einen-blick-2020-oecd-indikatoren_6001821nw. Zugegriffen: 01. Dezember 2020

OECD (2020-3) Public spending on education (indicator). https://data.oecd.org/eduresource/public-spending-on-education.htm. Zugegriffen: 30. November 2020

Statistisches Bundesamt (2020) Allgemeinbildende Schulen – Fachserie 11 Reihe 1 – Schuljahr 2019/2020. https://www.destatis.de/DE/Themen/Gesellschaft-Umwelt/Bildung-Forschung-Kultur/Schulen/Publikationen/Downloads-Schulen/allgemeinbildende-schulen-2110100207005.xlsx. Zugegriffen: 01. Dezember 2020

Weiterführende Literatur

Autorengruppe Bildungsberichterstattung (2020) Bildung in Deutschland 2020: Ein indikatorengestützter Bericht mit einer Analyse zu Bildung in einer digitalisierten Welt. https://www.bildungsbericht.de/static_pdfs/bildungsbericht-2020.pdf. Zugegriffen: 11. November 2020

Clausen T (2020) Bildungsbericht 2020: Schlechtes Zeugnis für das deutsche Bildungssystem. https://www.freiheit.org/bildung-bildungsbericht-2020-schlechtes-zeugnis-fuer-das-deutsche-bildungssystem. Zugegriffen: 11. November 2020

FOCUS Online (2020) Trigema-Chef Grupp sieht „hemmungslosen Größenwahn" bei Daimler. https://www.focus.de/finanzen/boerse/innovation-statt-masse-trigema-chef-grupp-tesla-ist-besser-als-daimler_id_12239605.html. Zugegriffen: 21. November 2020

Institut der deutschen Wirtschaft Köln (2020) INSM-Bildungsmonitor 2020: Schulische Bildung in Zeiten der Corona-Krise. https://www.insm-bildungsmonitor.de/pdf/Forschungsbericht_BM_Langfassung.pdf. Zugegriffen: 11. November 2020

OECD (2020-2) Education at a Glance 2020. https://www.oecd-ilibrary.org/education/education-at-a-glance_19991487. Zugegriffen: 30. November 2020

PagePersonnel (o. D.) Der Zwang umzudenken – Was Arbeitgeber wirklich attraktiv macht. https://www.pagepersonnel.de/advice/management-tipps/personalentwicklung/was-arbeitgeber-wirklich-attraktiv-macht. Zugegriffen: 11. November 2020

Posener A (2019) Wer Beamter werden will, ist als Lehrer fehl am Platz. https://www.welt.de/debatte/kommentare/article190864949/Schulen-Wer-Beamter-werden-will-ist-als-Lehrer-fehl-am-Platz.html. Zugegriffen: 30. November 2020

Rahmann T, Jakob N, Schaal S (2015) Deutsche Wirtschaft: Können wir dem Aufschwung trauen? https://www.wiwo.de/politik/konjunktur/deutsche-wirtschaft-koennen-wir-dem-aufschwung-trauen/11634762-all.html. Zugegriffen: 11. November 2020

Schneider P (2019) Welche Arbeitgeber für die Deutschen besonders attraktiv sind. https://www.wiwo.de/unternehmen/dienstleister/brandindex-fuer-diese-unternehmen-wuerden-die-deutschen-am-liebsten-arbeiten/24303248.html. Zugegriffen: 11. November 2020

SPIEGEL Online (2019) Focus-Business-Ranking: Das sind die Top-Arbeitgeber Deutschlands. https://www.focus.de/finanzen/karriere/berufsleben/focus-business-ranking-das-sind-die-top-arbeitgeber-deutschlands_id_10349040.html. Zugegriffen: 11. November 2020

Stalinski S (2020) An Geld fehlt es nicht. https://www.tagesschau.de/inland/digitalisierung-schule-105.html. Zugegriffen: 30. November 2020

YouGov (2019) 2019 Workforce Rankings: Germany. https:// www.brandindex.com/ranking/germany/2019-workforce. Zugegriffen: 11. November 2020Silke Fokken: Bildungs- studie der OECD Deutschland beim neuen Pisa-Test im obe- ren Mittelfeld. In: Spiegel 3.12.2019, online unter:

Kapitel 8: Funktionieren ist nichts

Funktionieren bedeutet: vorgegebenen Regeln folgen, im eingeschlagenen Takt bleiben, nicht von der Linie abweichen, nicht über neue Wege nachdenken, sondern weiterlaufen, egal was passiert. Ja, Menschen können in diesem Sinne funktionieren. Doch Maschinen können es wesentlich besser.

So sympathisch mir Visionäre sind: Im Sommer 2019 stellte Tesla-Gründer Elon Musk die Pläne seiner neuen Firma NEURALINK vor. Deren Ziel ist die Verschmelzung von menschlichem Gehirn und der Computer-Maschine. Damit sollen wir unsere Schwächen ausgleichen und mit den Maschinen mithalten können, damit diese nicht Oberhand über die Menschen gewinnen. Das halte ich nicht für den richtigen Weg.

© Der/die Autor(en), exklusiv lizenziert durch Springer-Verlag GmbH, DE, ein Teil von Springer Nature 2021
A. Ternès, *Ferngesteuert?!*, https://doi.org/10.1007/978-3-662-62971-0_8

Übersicht

Künstliche Intelligenz: Welche Aussagen treffen zu?

■ Zustimmung   ■ neutral   ■ Ablehnung

Routineaufgaben können von Robotern erledigt werden	84%	10% / 3%
Wenn Maschinen entscheiden, geht das Menschliche verloren	74%	16% / 8%
Es werden massenhaft Arbeitsplätze ersetzt	69%	18% / 10%
Die Produkuktivität wird steigen	66%	21% / 9%
Krankheiten können besser diagnostiziert werden, wodurch die Heilungschance steigt	54%	27% / 13%
Der Mensch wird die Kontrolle verlieren	48%	25% / 23%

Das öffentliche Stimmungsbild zeigt, wenn es um Routine-aufgaben, Produktivität, aber auch präzises Berücksichtigen von Daten geht, sind Roboter und Künstliche Intelligenz besser geeignet als Menschen (s. Abbildung oben: Künstliche Intelligenz: Welche Aussagen treffen zu? (BVDW 2018)). Die Delegation von Aufgaben an Maschinen geht aber auch mit Nachteilen einher: Arbeitsplätze gehen verloren, Menschlichkeit kann an Bedeutung verlieren, und Menschen werden unter Umständen bequemer. Deshalb müssen wir in Zukunft überdenken, wie die Mensch-Maschine-Kommunikation und deren Verhältnis gestaltet sein sollte.

Wir dürfen stolz sein!

Wenn wir versuchen, die besseren Maschinen zu sein, geben wir das Wertvollste überhaupt auf: unsere menschlichen Stärken. Diese sind es, die uns selbst, die Gesellschaft, Wissenschaft und auch die Wirtschaft voranbringen. Wer nur auf Hochleistung funktioniert, kennt und verlangt nur Hochleistung, spielt nicht und wird auch keine Fehlerkultur vertreten. Wer nur so funktioniert, verändert sich und die Welt nur in die Richtung von höher, schneller, weiter – schon als Selbstzweck.

Deshalb bin ich der Meinung, dass wir aufhören müssen zu funktionieren. Wie müssen uns stattdessen dem zuwenden, was uns ausmacht und zukunftsfähig macht. Mit einem Team zusammen forsche ich seit Jahren zu Zukunftskompetenzen, also Kompetenzen, um sich und die Umwelt in einer sich ständig verändernden Welt managen zu können. Herausgekommen ist eine lange Liste, die unter anderem die Fähigkeit zur Selbstreflektion, Gründer- und Leadership-Fähigkeiten umfasst. Vieles ist dabei, was typisch menschlich ist, wie Fehlerkultur, das Managen von Vielfalt in wechselnden Teams oder auch Authentizität.

> Menschen sind nicht die schlechteren Maschinen.

Allerdings gibt es eine Voraussetzung, damit wir diese Kompetenzen einsetzen können: Wir müssen uns aus der Bequemlichkeit des Funktionierens heraustrauen.

„Sich trauen" hat sehr viel mit Selbstvertrauen zu tun. Wenn wir also möchten, dass Menschen in Deutschland wieder anpacken statt abzuwarten, ihr Leben selbst gestalten statt fremdbestimmt zu leben, dann sollten wir auf ein klares Konzept dafür setzen.

Übersicht

Lernkompetenz
Kreativität
Kollaboration
Empathie
Verantwortungsbewusstsein
Resilienz
Problemlösungskompetenz
Umsetzungskompetenz
Digitale Kompetenz
Selbststeuerung
Globales Bewusstsein
Visionskraft
Kommunikationskompetenz
Handeln auf
Selbstwirksamkeit Augenhöhe

Systematisches
Denken
Respekt
Informations-
kompetenz
Mediation

WeQ Skills
Zukunftskompetenzen

Projekt-
management
Würde
Vertrauen

Intuition
Medien-
kompetenz
Transformations-
kompetenz
Innovations-
kompetenz
Wissens-
mangement
Diversity-
kompetenz
Achtsamkeit
Changemaker-
Kompetenz

Dialogische
Kompetenz
Bereitschaft
zum Teilen
Konfliktlösung
Demokratie-
bewusstsein
Nachhaltigkeit
Entrepreneurship
Beziehungs-
fähigkeit
Zivilcourage

■ Beispiele für Future Skills nach OECD   ■ Beispiele für weitere WeQ Skills

Der Zukunfts-Thinktank WeQ Institute hat ein Set von Schlüsselqualifikationen erarbeitet, auf die es in einer digitalen und vernetzten Welt ankommt (s. Abbildung oben: WeQ Skills Zukunftskompetenzen). Diese sogenannten Zukunftskompetenzen bzw. Future Skills sind wichtig, damit wir den digitalen Wandel gestalten können.

Wir dürfen stark sein!

Selbstvertrauen kann ein Mensch dann aufbauen, wenn er seine Stärken kennt und an sie glaubt. Er erlebt dann nämlich, dass er damit etwas erreichen kann. Deshalb setzen wir bei GetYourWings (https://getyourwings.de/) darauf, vor allem jungen Menschen alle Kompetenzen zu vermitteln, die sie zu Zukunftsgestaltern machen. Dabei lernen sie unter anderem mit digitalen Tools umzugehen. Genauso wichtig ist uns aber, dass sie Medienkompetenz erlernen, das heißt auch wissen, wie sie mit Cybermobbing umgehen können, was Respekt bedeutet und wo das Digitale an seine Grenzen stößt.

Unser Ziel ist es, junge Menschen stark zu machen, gepaart mit Nachhaltigkeit und Ganzheitlichkeit. Sie sollen ihre Selbstwirksamkeit spüren und wissen, dass sie mit ihrem Tun und Handeln einen Unterschied machen können: „Wow, ich habe das geschafft. Ich bin stolz auf mich." – Wir zeigen ihnen ihre Stärken und stärken diese.

> „Ich bin stolz auf mich."

Vor einiger Zeit stellte ich in einem Kino bei einer Veranstaltung das Konzept von GetYourWings vor. Der Moderator schloss mit den Worten daran an: „In dem Unternehmen, in dem ich arbeite, machen wir das ganz anders. Wir konzentrieren uns immer auf die Schwächen!"

Daraufhin meldete sich eine bekannte Schauspielerin aus dem Publikum und sagte: „Ich finde das toll, dass Sie sich in Ihrem Unternehmen darauf konzentrieren. Hier in Deutschland schaut sowieso keiner auf die Stärken, alle schauen nur auf die Schwächen – also ist das absolut passend, was Sie machen."

Zukunftsgestalter statt Funktionierer

Die Frau meinte das wirklich ernst. Und ich dachte nur: Was für eine Argumentation ist das denn? Wie sollen Menschen den Glauben an sich entwickeln, wenn wir ihnen vermitteln: ‚Wir konzentrieren uns auf das, was du nicht kannst'?

Uns geht es nicht um Schönmalerei. Auch nicht um die Vertuschung von Schwächen: Kein Mensch hat nur Stärken. Aber im Zweifelsfall wissen die meisten am besten, was sie nicht können, nicht mögen, was ihnen nicht wichtig ist.

Aber jeder Mensch *hat* Stärken und denen wollen wir mit Respekt und Wertschätzung begegnen. Nur so geben wir dem Menschen den Glauben an seine Stärken. Das bringt ihn in seine Kraft und er kann vom Funktionierer zum Zukunftsgestalter werden.

Wichtig ist, dass jeder wieder in seine Kraft kommt und bewusst seine Stärken einbringen kann. Denn Ohnmacht macht viele handlungsunfähig. Doch können wir uns überhaupt vorstellen, was alles passieren würde, wenn keiner mehr funktioniert, sondern alle bewusst sich und die Umwelt mitgestalten?

Fazit

Die Welt befindet sich im Wandel. Längst haben wir den Punkt erreicht, an dem Maschinen an einigen Stellen produktiver und präziser arbeiten als Menschen – einfach besser funktionieren. Deshalb müssen wir unser Selbstverständnis und die uns eigenen Kompetenzen neu definieren: anstatt nur zu funktionieren sollten wir uns auf unsere Stärken konzentrieren.

Übersicht

- Um das Jahr 2025 werden Maschinen genauso viel Zeit in die Bearbeitung aktueller Aufgaben stecken wie Menschen (World Economic Forum 2020).
- 43 % der Unternehmen planen auf Grund der Implementierung technischer Lösungen bis 2025 Arbeitsplätze abzuschaffen (World Economic Forum 2020).
- 34 % der Unternehmen sehen allerdings vor, neue Arbeitsplätze auf Grund der Einführung neuer Technologien zu schaffen (World Economic Forum 2020).

Literatur

BVDW (2018) BVDW-Umfrage: Vor- und Nachteile Künstlicher Intelligenz halten sich die Waage. https://www.bvdw.org/presse/detail/artikel/bvdw-umfrage-vor-und-nachteile-kuenstlicher-intelligenz-halten-sich-die-waage/. Zugegriffen: 11. November 2020

World Economic Forum (2020) The Future of Jobs Report 2020. https://www.weforum.org/reports/the-future-of-jobs-report-2020. Zugegriffen: 11. November 2020

Weiterfuhrende Literatur

Aschenbrenner D (2016) Was kann ein Mensch besser als ein Roboter? https://www.vorwaerts.de/blog/mensch-besser-roboter. Zugegriffen: 11. November 2020

Bonin H, Gregory T, Zierahn U (2015) Übertragung der Studie von Frey/Osborne (2013) auf Deutschland: Endbericht. https://www.bmas.de/DE/Service/Medien/Publikationen/Forschungsberichte/Forschungsberichte-Arbeitsmarkt/forschungsbericht-fb-455.html. Zugegriffen: 11. November 2020

Frey C B, Osborne M A (2013) The Future of Employment: How susceptible are jobs to computerisation? https://www.oxfordmartin.ox.ac.uk/downloads/academic/The_Future_of_Employment.pdf. Zugegriffen: 11. November 2020

Horx M (2016) Geliebte Mensch-Maschine. https://www.zukunftsinstitut.de/artikel/geliebte-mensch-maschine/. Zugegriffen: 11. November 2020

Jensen M (2018) Maschinen verrichten bald mehr Arbeit als Menschen. https://www.spiegel.de/wirtschaft/soziales/studie-weltwirtschaftsforum-maschinen-verrichten-bald-mehr-arbeit-als-menschen-a-1228108.html. Zugegriffen: 11. November 2020

Krämer A (2016) Umfrage Mensch-Maschine-Beziehung: Gespaltene Haltung zur Roboter-Revolution. https://www.

digitalbusiness-cloud.de/umfrage-mensch-maschine-beziehung-gespaltene-haltung-zur-roboter-revolution/. Zugegriffen: 11. November 2020

Kühl E (2020) Ein Neuralink für deine Gedanken. https://www.spektrum.de/news/was-kann-das-gehirn-implantat-von-neuralink-das-andere-nicht-koennen/1765066. Zugegriffen: 11. November 2020

PricewaterhouseCoopers (2018) Workforce of the future: The competing forces shaping 2030. https://www.pwc.com/gx/en/services/people-organisation/workforce-of-the-future/workforce-of-the-future-the-competing-forces-shaping-2030-pwc.pdf. Zugegriffen: 11. November 2020

TheMan (2017) Neuralink – Die Zukunft der Menschheit? https://www.theman.de/neuralink-die-zukunft-der-menschheit/. Zugegriffen: 22. November 2020

Wagner D N (2020) KI und die Schattenseiten von Mensch-Maschine-Teams. https://www.zukunftsinstitut.de/artikel/technologie/ki-und-die-schattenseiten-von-mensch-maschine-teams/. Zugegriffen: 11. November 2020

WeQ Institute (o. D.) WeQ Lebens-Schlüsselkompetenzen. https://weq.institute/weq-skills/. Zugegriffen: 02. Dezember 2020

Kapitel 9: Jetzt bricht alles zusammen!

„Wenn hier jeder nur noch seine Stärken auslebt, vor Selbstvertrauen fast platzt und meint, ihm gehöre plötzlich alles: Oh je! Da sehe ich erst recht schwarz für Deutschland." Meine Gesprächspartnerin, eine wirtschaftlich unabhängige, erfolgreiche Frau, Anfang 60, schüttelt den Kopf.

„Aha," sage ich, „was bringt Sie zu dieser Überzeugung?"

„Schauen Sie sich doch mal um!", erwidert sie und legt los …

Die Ordnung zerfällt!

Sie zeigt mir die Polizei-App auf ihrem Smartphone: Diese meldet ihr zuverlässig jeden Vorfall, der irgendwo in ihrer Stadt passiert.

„Und es passiert dauernd etwas.", sagt sie mit Nachdruck. Wie zum Beweis brummt ihr Handy schon wieder. „Sehen Sie!", sagt sie fast vorwurfsvoll zu mir, wirft einen

© Der/die Autor(en), exklusiv lizenziert durch Springer-Verlag GmbH, DE, ein Teil von Springer Nature 2021
A. Ternès, *Ferngesteuert?!*, https://doi.org/10.1007/978-3-662-62971-0_9

Blick auf die neueste Nachricht und schüttelt wieder den Kopf.

„Kürzlich," fährt sie fort, „hat in unserer Straße ein Auto gebrannt. Angeblich war es ein technischer Defekt, aber das glaube ich nicht. Ich habe den Brand sicherheitshalber selbst fotografiert und meinen Bekannten als Warnung geschickt: Sie sollen aufpassen, wenn sie in diese Stadt kommen. Linke Chaoten, rechte Randalierer, Fußballrowdys, Flüchtlinge – der Mob ist unterwegs! Und viel zu wenig Polizisten. Es wird immer schlimmer."

> „Es wird immer schlimmer?!"

Dass Deutschland immer noch eines der sichersten Länder auf dieser Welt ist, erwähnt sie nicht.

Dafür ergänzt sie: „Wir sollten wirklich alles verkaufen und auswandern." Wie zur Bekräftigung brummt das Handy in ihrer Hand erneut.

Keine Frage, in diesem Land ist nicht alles gut. Bei Menschen allerdings, die sich bewusst und ausschließlich auf die negativen Nachrichten fokussieren, habe ich inzwischen einen Verdacht: Es geht ihnen gar nicht darum, den Ist-Zustand nüchtern zu betrachten. Sie wollen sich um Lösungen keine Gedanken machen. Sie möchten vielmehr ihre Energie auf das Beklagen des Ist-Zustandes lenken. Es ist so viel bequemer, sich nur über die Zustände zu beklagen, statt die Verantwortung zu übernehmen, etwas daran zu ändern.

Ich höre jedoch auch Einwände anderer Art …

Übersicht

Micromanagement, also wenn Führungskräfte ihre Mitarbeiter stark kontrollieren, bewirkt meist das Gegenteil dessen, was sie sich davon erhoffen. Mitarbeiter arbeiten nicht etwa produktiver, sondern im Gegenteil sinkt ihre Arbeitsmoral, damit auch ihre Motivation, ihr Vertrauen in die Führungskräfte und jegliche Bindung zum Unternehmen (s. Abbildung oben: Fuck-up-Kreislauf Micromanagement (Reif 2019)). Engmaschige Führung gehört der Vergangenheit an. Stattdessen sollten Führungskräfte ihr Team unterstützen, den Mitarbeitern Raum für eigene Ideen und Initiativen gewähren.

Und wer macht die Arbeit?

Florian, Unternehmer, Ende 40, sagt mir: „Du redest da von individuellen Stärken, Diversität und so etwas. Das ist ja alles ganz gut und schön. Aber tatsächlich brauche ich im Betrieb Leute, die etwas wegschaffen, einfach machen, nicht lange nachfragen und rumdiskutieren, wer denn nun Chef ist und warum und wieso sie nicht. Du setzt den Menschen Flausen in den Kopf, wenn du sagst, dass sie ‚selbstverantwortlich' handeln sollen, dass Fehlerkultur gelebt werden darf, dass die traditionelle Führungskraft ausgedient hat. Das Beste ist doch – die wollen das gar nicht. Die wollen höchstens früher Feierabend machen."

Tatsächlich hadern ebenso Arbeitgeber wie Arbeitnehmer oftmals mit dem agilen Arbeiten, in dessen Setting die Führungskraft ebenso wie die Mitarbeiter flexibler, schneller, mit mehr Rückkopplung zum Kunden, zu den Teamkollegen und zum Ergebnis selbst arbeiten muss.

> Viele Arbeitgeber und Arbeitnehmer hadern mit Agilität.

„Etwas wegschaffen" ist eine Kompetenz, die auch in Zukunft gefragt sein wird. Doch Jobs, die *nur* aus „wegschaffen" bestehen, verschaffen den Unternehmen sicher nicht den Anschluss an die globale Digitalwirtschaft. Ich

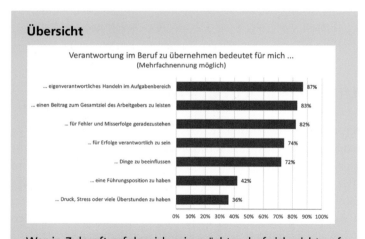

Übersicht

Verantwortung im Beruf zu übernehmen bedeutet für mich ...
(Mehrfachnennung möglich)

... eigenverantwortliches Handeln im Aufgabenbereich	87%
... einen Beitrag zum Gesamtziel des Arbeitgebers zu leisten	83%
... für Fehler und Misserfolge geradezustehen	82%
... für Erfolge verantwortlich zu sein	74%
... Dinge zu beeinflussen	72%
... eine Führungsposition zu haben	42%
... Druck, Stress oder viele Überstunden zu haben	36%

0% 10% 20% 30% 40% 50% 60% 70% 80% 90% 100%

Wer in Zukunft erfolgreich sein möchte, darf sich nicht auf Bequemlichkeit ausruhen, sondern muss von sich aus Verantwortung übernehmen. Berufstätige in Deutschland verbinden das mit unterschiedlichsten Attributen, wie eine Studie von Fidelity International zeigt (s. Abbildung oben: Was bedeutet es für Sie persönlich, Verantwortung im Beruf zu übernehmen? (Fidelity International 2018)). Besonders interessant: für weniger als die Hälfte der Befragten bedeutet Verantwortung im Beruf zu übernehmen eine Führungsposition zu haben.

bin überzeugt, dass die deutsche Wirtschaft gerade von Vielfalt, Flexibilität und Teamgeist profitieren wird.

Doch das sehen viele nicht so.

Ich will nicht draußen sein!

Ich habe wirklich gestaunt, als ein Bekannter mir kürzlich sagte: „Du solltest Dein Kind nicht so fördern. Sonst ist es seinen Altersgenossen zu weit voraus und findet keine Freunde."

Er sprach damit aus, was auch einige andere befürchten: Wenn sie sich heute anstrengen und etwas erreichen, sichtbarer werden, werden sie oft angefeindet und gemobbt. Die, die es sich bequem gemacht haben, wollen nicht, dass jemand an ihnen vorbeizieht. Das ist nichts Neues und doch steht gerade jetzt in einer Zeit der Krise ein solches Verhalten besonders im Weg, wenn kreative Lösungen und proaktives Handeln gefragt sind, um eine Zukunft mitzugestalten.

Gemocht wird der, der sich wie die anderen zurücksinken lässt und seufzt: „Ich bin hier so ein kleines Licht, ich kann eh nichts bewegen. Es ist gerade alles so schlimm. Also kann ich es ebenso gut sein lassen!"

Soziale Marktwirtschaft hat seit Bestehen viel Gutes gebracht. Bei vielen hat sich allerdings dadurch auch die Idee gefestigt, dass der Staat die Verantwortung trägt, es richten wird, wenn schlechte Zeiten kommen und ein Auffangnetz aus finanzieller Unterstützung bereithält, sodass man sich im Endeffekt keine Gedanken machen muss.

Wenn sich aus genau diesem Grund allerdings viele zurückhalten, ihre Stärken zu nutzen, ist das schwierig für eine Zukunft, die Mitgestaltung fordert. Vor allem werden wir dann nicht mehr in der Lage sein, unsere Sozialsysteme zu sichern, unser Bildungssystem zu alter Größe zu führen und kleine Unternehmen in ihren Wachstumsbestrebungen zu stärken. Unsere Innovationskraft und unser Ansehen in der Welt würden sehr leiden.

Wir könnten aber auch anders …

Fazit

Es ist bequem, sich nur über schlechte Zustände zu beklagen. Doch nur wer Verantwortung übernimmt, kann daran etwas verändern. Viele Unternehmen wollen das bei ihren Arbeitnehmern aber gar nicht: wenn die Mitarbeiter sich plötzlich selbst für den Chef halten und diskutieren – wer arbeitet dann noch die Aufgaben ab? Arbeitgeber müssen eine agile, partizipative Unternehmenskultur prägen, dann bringen ihre Mitarbeiter auch gute Ideen ein und sind motiviert bei der Arbeit. Wer vorangeht und sich bemüht, etwas zu erreichen, wird in unserer Gesellschaft eher ausgegrenzt. Dabei hilft gerade diese Eigeninitiative, voranzukommen und die Probleme unserer Gesellschaft zu lösen.

Übersicht

- Nur 14 % der Arbeitnehmer in Deutschland fühlen sich stark an ihren Arbeitgeber gebunden. 71 % empfinden nur eine geringe emotionale Bindung an ihr Unternehmen, 14 % gar keine (Wolter 2018).
- Von den Arbeitnehmern, die ihren Arbeitgeber für agil halten, haben 43 % eine starke Bindung zum Unternehmen. Diejenigen, die nicht in einem agilen Unternehmen arbeiten, fühlen sich nur zu 6 % stark gebunden (Wolter 2018).
- 33 % sehen Empowerment, also Autonomie und Selbstbestimmung, Entscheidungen zu treffen, als Teil der Unternehmenskultur bei ihrem Arbeitgeber (Wolter 2018).

Literatur

Fidelity International (2018) Verantwortungsbarometer Deutschland 2018. https://www.fidelity.de/static/germany/media/pdf/presse/verantwortungsbarometer_deutschland-2018.pdf. Zugegriffen: 02. Dezember 2020

Reif M K (2019) Micromanagement killt nicht nur Ihre Kultur, sondern auch jegliche Motivation Ihrer Mitarbeiter. https://www.reif.org/blog/micromanagement-killt-ihre-kultur/. Zugegriffen: 11. November 2020

Wolter U (2018) Jeder siebte Mitarbeiter fühlt sich nicht an sein Unternehmen gebunden. https://www.personalwirtschaft.de/fuehrung/mitarbeiterbindung/artikel/jeder-siebte-mitarbeiter-ist-emotional-nicht-an-den-arbeitgeber-gebunden.html. Zugegriffen: 02. Dezember 2020

Weiterfuhrende Literatur

Bartl H (2017) Vertrauen innerhalb der Belegschaft etablieren. https://industrie.de/management/vertrauen-innerhalb-der-belegschaft-etablieren/. Zugegriffen: 11. November 2020

Enste D, Grunewald M, Kürten L (2018) IW-Trends 2/2018: Vertrauenskultur als Wettbewerbsvorteil in digitalen Zeiten. https://www.iwkoeln.de/fileadmin/publikationen/2018/391018/IW-Trends_2018_2_Vertrauenskultur.pdf. Zugegriffen: 11. November 2020

Enste D (2019) Vertrauen im Unternehmen und wertschätzende Kontrolle. https://arbeitgeber.campusjaeger.de/hr-blog/vertrauen-im-unternehmen. Zugegriffen: 11. November 2020

etventure (2019) Studie: Deutschen Großunternehmen fehlt das Vertrauen in die eigenen Mitarbeiter für die Digitale Transformation. https://www.pressetext.com/news/studie-deutschen-grossunternehmen-fehlt-das-vertrauen-in-die-eigenen-mitarbeiter-fuer-die-digitale-transformation.html. Zugegriffen: 11. November 2020

Muntschick V (2020) Selbstverwirklichung statt Lohnzettel. https://www.zukunftsinstitut.de/artikel/finanzen/selbstverwirklichung-statt-lohnzettel/. Zugegriffen: 11. November 2020

Rascher S (2019) Just Culture in Organisationen: Wie Piloten eine konstruktive Fehler- und Vertrauenskultur schaffen. doi: https://doi.org/10.1007/978-3-658-25851-1

Schön, W (2020) Vertrauen, die Führungsstrategie der Zukunft: So entstehen Vertrauen, Wirkung und persönlicher Erfolg. doi: https://doi.org/10.1007/978-3-662-61971-1

Sommerlatte T (2016) Das Vertrauensprofil von Führungskräften und das Vertrauensklima von Organisationen. In: Sommerlatte T & Keuper F (Hrsg.). *Vertrauensbasierte Führung*. doi: https://doi.org/10.1007/978-3-662-46233-1_3

Kapitel 10: Raus aus der Verwöhnung

Um anders zu handeln, könnten wir zum Beispiel aufhören, uns wie verwöhnte Kinder aufzuführen. Nur weil es uns gut geht, müssen wir nicht jeden Antrieb, uns weiter anzustrengen, ignorieren. Jedes Elternteil weiß spätestens, wenn die Kinder in die Pubertät kommen, dass es gut gewesen wäre, wenn sie ihren Kindern Grenzen gesetzt und nicht aus falsch verstandener Liebe alle Türen geöffnet, jegliche schlechte Erfahrung vorweggenommen und alle Eigenanstrengungen vereitelt hätten.

Auch wir Deutschen, die wir zu einem großen Teil im Wohlstand leben, haben die Wahl: als Einzelner, als Gesellschaft. Wollen wir bequem ohne Verantwortung für uns selbst leben und anderen die Entscheidung über uns überlassen?

Eines könnten wir doch zumindest tun: Wir könnten uns fragen, ob diese Bequemlichkeit denn wirklich so bequem ist, wie sie scheint …

© Der/die Autor(en), exklusiv lizenziert durch Springer-Verlag GmbH, DE, ein Teil von Springer Nature 2021
A. Ternès, *Ferngesteuert?!*, https://doi.org/10.1007/978-3-662-62971-0_10

Am Haken

Bei genauerem Hinsehen hat diese Bequemlichkeit eine Menge Nachteile. Wo käme zum Beispiel sonst dieses Gefühl her, dass wir alle nur noch funktionieren müssen? Dass uns dieses bequeme Leben hohl erscheint und auslaugt? Dass uns die Lebensfreude fehlt, die Erfüllung, die Leichtigkeit, das große Ziel?

Die Bequemlichkeit ist ein falscher Freund: Sie gibt vor, Zufriedenheit, Sicherheit und Entspannung zu bringen, was sie definitiv nicht tut. Sie versucht uns etwas vorzumachen und solange wir in unserer eigenen Blase leben, kann der Schein auch eine Zeit lang aufrechterhalten werden.

Wenn wir das aber erkennen, ist es Zeit, die Bequemlichkeit aufzugeben und die Selbstbestimmung zu wählen.

> Die Bequemlichkeit ist ein falscher Freund.

Auch wenn es paradox klingt: Wenn wir es uns nicht mehr bequem machen und uns bewegen, setzen wir damit eine ganze Menge Energie frei …

Sinnvolle Umleitung

Die Bequemlichkeit ständig zu verteidigen und zu rechtfertigen, ist anstrengend. Deshalb kostet uns unsere Bequemlichkeit ständig Energie. Wenn Sie zum Beispiel an meine Gesprächspartnerin mit der Polizei-App denken: Sie verfolgt mit großer Aufmerksamkeit alles, was um sie herum schlecht läuft. Sie zementiert damit eine rückwärtsgewandte Sichtweise: Weil es gestern und heute schlecht läuft, kann es morgen gar nicht besser laufen.

Sie steckt viel Kraft in diese Suche nach Bestätigung. Sie will sich selbst beweisen: Ja, du kannst gar nichts ändern, es ist alles viel zu schlimm. Du hast vollkommen recht, wenn du bequem bleibst.

Würde sie die gleiche Energie darauf verwenden, Ideen zu entwickeln, konstruktive Vorschläge zu machen und anzupacken, könnte sie anfangen, Brücken zu bauen. Brücken in die Zukunft.

Ähnlich die Menschen, die in ihrer Bequemlichkeit stecken bleiben, aber neidisch und verärgert auf all die blicken, die etwas aus sich machen und ihnen wegzulaufen drohen.

> Sie könnte anfangen, Brücken in die Zukunft zu bauen.

Und was passiert, wenn wir unseren rückwärtsgewandten Blick auf einmal nach vorne richten, auf eigene Chancen und mögliche neue Wege?

Übersicht

Der US-amerikanische Psychologie Abraham Maslow hat in den 40er Jahren des letzten Jahrhunderts die berühmte Bedürfnispyramide entwickelt (s. Abbildung oben: Bedürfnishierarchie nach Maslow). Die unterste Ebene des Modells stellt die grundlegendste Bedürfnisebene dar. Wenn die Bedürfnisse einer Ebene erfüllt sind, erstreben Menschen demnach die nächsthöhere an. Selbstverwirklichung steht hier ganz oben. Vielleicht müssen wir uns heute aber häufiger auch schon direkt an die Selbstverwirklichung wagen, um unsere Individual- und Sicherheitsbedürfnisse befriedigen zu können.

Anders angestrengt

Auf einmal haben wir eine ganz andere Perspektive auf die Dinge. Wir kommen auf Ideen, entdecken, wie es anders gehen kann, lernen andere Menschen kennen, die auch nach vorne schauen. So entsteht ein neues System: neue Gedanken, neue Netzwerke, neue Möglichkeiten.

Und dafür brauchen wir nicht einmal mehr Energie als dafür, unsere Bequemlichkeit zu zementieren. Im Gegenteil: Die scheinbar bequeme Zukunft ist weder angenehmer noch schöner. Mag sein, dass eine selbstbestimmte Zukunft anstrengend ist, aber sie ist auf jeden Fall erfüllter.

Wenn also die Bequemlichkeit bei näherer Betrachtung gar nicht so bequem ist, ist das doch ein guter Grund, sie aufzugeben?!

Dann ist eigentlich nur noch ein Funken nötig, um die Veränderung in Gang zu setzen. Dieser Funke ist der Optimismus.

Angefeuert

Wer nicht ein bisschen optimistisch ist, also daran glaubt, dass er etwas positiv verändern *kann*, wird sich nicht zu Veränderungen aufraffen – das verstehe ich. Deshalb ist es ja so fatal, wenn wir uns gegenseitig und in den Medien immer wieder darin bestätigen: Wir als Einzelne *können* nichts bewirken, das können nur die anderen, der Arbeitgeber, die Interessensvertretung, die Politiker. Und bei Menschen, die sich trauen und aus der Bequemlichkeit herausgegangen sind, bei denen wird überlegt, worin sie so anders sind, dass sie eine Ausnahme bilden – zu der man selbst nicht gehört und es deshalb auch gar nicht schaffen kann, wie sie zu sein.

Deshalb halte ich für umso wichtiger, sich seiner persönlichen Stärken bewusst zu werden. Wer seine Stärken kennt und an sie glaubt, glaubt auch daran, dass er etwas bewirken kann.

Der Funke Optimismus

Und dieser Funke ist der Anfang, um das Feuer entfachen: Jeder, der einmal seine Selbstwirksamkeit erfahren hat, wird optimistischer und selbstbewusster. Er traut sich mehr zu, wird aktiver und dadurch immer häufiger erleben, dass er Dinge verändern kann. Er lässt die Bequemlichkeit hinter sich.

Der Funke kann auch von Menschen zu Menschen überspringen, weil jeder aktive Optimist in seinem Umfeld zum Vorbild werden kann. Eine Art positive Ansteckung, ebenfalls nach den eigenen Stärken zu suchen und sie einzusetzen, kann funktionieren. Dabei geht es nicht um Kopieren. Jeder sollte seinen eigenen Weg finden.

So gibt es auch in Wirtschaft und Gesellschaft viele gute Ansätze, jeder für sich zukunftsweisend und ganz unterschiedlich, wie zwei Unternehmer aus dem traditionellen Bäckerhandwerk …

Übersicht

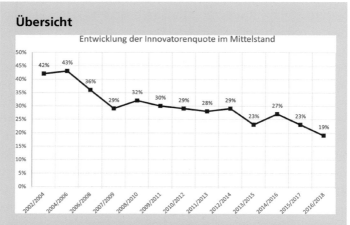

Die Innovatorenquote bildet ab, wie groß der Anteil der Unternehmen ist, die in einem Drei-Jahres-Zeitraum mindestens eine Innovation hervorgebracht haben (s. Abbildung oben: Entwicklung der Innovatorenquote im Mittelstand (KfW Research 2020)). Dabei kann es sich sowohl um Produkt- als auch Prozessinnovationen handeln. Im deutschen Mittelstand ist diese Quote mit nur 19 % im Zeitraum 2016/2018 so niedrig wie noch nie seit Erfassung durch die KfW. Das zeigt: Die deutschen Mittelständler vertrauen auf Altbewährtes. Langfristig kann das aber kaum gutgehen.

Brote mit Zukunft

Der eine Unternehmer aus dem traditionellen Bäckerhandwerk ist Sebastian Däuwel. Er hat im rheinland-pfälzischen Speyer die Bäckerei Die Brotpuristen gegründet. Sein Antrieb war, dass er einfach nirgends mehr in seiner Stadt gutes Brot bekam. Das missfiel ihm als leidenschaftlicher Brotesser, dagegen wollte er etwas unternehmen.

In seinem Laden gibt es nur wenige Brotsorten. Dafür sind alle Brote von Hand hergestellt – Brot wie von früher. Und Däuwel hat von Anfang an die Einbindung digitaler Möglichkeiten bedacht: Die Kunden können sich online informieren, wann welche Brotsorten gebacken werden, das gewünschte Brot vorbestellen und dann abholen. So kann Sebastian Däuwel besser, günstiger und nachhaltiger planen. Über Newsletter bleibt er darüber hinaus in Verbindung mit seinen Kunden (vgl. Salm 2018).

Das zweite Beispiel: Roland Schüren. Er ist ein Bio-Bäcker aus Hilden in Nordrhein-Westfalen und lebt Nachhaltigkeit in der 4. Generation. Diese Nachhaltigkeit führt er in moderner Form weiter: Er hat alle Firmengebäude mit Solarpanels gedeckt. Damit versorgt er seine energieoptimierte Backstube mit Energie – und auch seine Autoflotte. Denn inzwischen liefert er seine Ware nur noch mit Deutschlands erstem alltagstauglichen Elektro-7,5-Tonner aus: dem Bakery Vehicle One. Roland Schüren geht mit seinen Ideen und Erfahrung auch aktiv in die Öffentlichkeit (vgl. Bundesverband Solare Mobilität 2015). Er will, dass der Optimismusfunke auch auf andere überspringt.

Beide Bäcker berufen sich auf Qualitäten, die ihr Handwerk in der Vergangenheit erfolgreich gemacht haben. Auf deren Basis bauen sie die Brücken in die Zukunft. Und ich bin überzeugt: Das ist auch der Weg, wie wir in anderen Branchen Deutschland mit Innovationen, Werteorientierung und Qualität zukunftsfähig machen können. Auch und gerade im Mittelstand, der von den Umbrüchen besonders betroffen ist.

Fazit

Wir neigen zu Bequemlichkeit, weil der bequemste Weg der angenehmste zu sein scheint. Dabei täuschen wir uns eigentlich selbst: wir versuchen, unsere Bequemlichkeit schönzureden. Wenn wir diese Energie stattdessen nutzen, um neue Wege zu schaffen und zu gehen, sind wir glücklicher und können viel erreichen.

Übersicht

- 66 % der Deutschen sagen, dass sie glücklich sind – 27 % fühlen sich unglücklich (SINUS-Institut 2019).
- Nur 28 % erwarten, dass sie in 5 Jahren glücklicher als heute sein werden (SINUS-Institut 2019).
- Im Zeitraum 2016–2018 haben jeweils 13 % der mittelständischen Unternehmen mindestens eine Produkt- beziehungsweise Prozessinnovation eingeführt – 12 Jahre zuvor (Zeitraum 2004–2006) lag die Innovatorenquote für Produktinnovationen noch bei 37 % und für Prozessinnovationen bei 20 % (KfW Research 2020).

Literatur

Bundesverband Solare Mobilität (2015) Roland Schüren: „Elektromobilität hat Zukunft – die LSV nicht". https://www.bsm-ev.de/emog/lsv-jan15/interview%20art_r-m-schueren. Zugegriffen: 03. Dezember 2020

KfW Research (2020) KfW-Innovationsbericht Mittelstand 2020: Innovatorenquote sinkt auf 19 %. https://www.kfw.de/PDF/Download-Center/Konzernthemen/Research/PDF-

Dokumente-Innovationsbericht/KfW-Innovationsbericht-Mittelstand-2019.pdf. Zugegriffen: 03. Dezember 2020

Salm M (2018) Aus Liebe zum Brot. https://www.kfw.de/stories/wirtschaft/gruenden/award-gruenden-2018-brotpuristen/. Zugegriffen: 03. Dezember 2020

SINUS-Institut (2019) Glücks-Studie: Deutsche sind glücklich und optimistisch. https://www.sinus-institut.de/veroeffentlichungen/meldungen/detail/news/gluecks-studie-deutsche-sind-gluecklich-und-optimistisch/news-a/show/news-c/NewsItem/. Zugegriffen: 11. November 2020

Weiterfuhrende Literatur

Dale Carnegie & Associates, Inc. (2017) White Paper: Emotional Drivers of Employee Engagement. https://www.dalecarnegie.com/assets/resources/Emotional_Engagement_103017.pdf. Zugegriffen: 11. November 2020

Hebling H (2020) Positiv Denken lernen: 7 Experten-Tipps. https://www.aok.de/bw-gesundnah/psyche-und-seele/positiv-denken-so-gehts. Zugegriffen: 11. November 2020

Krieger W (2016) So geht's Beschäftigten: TK-Job- und Gesundheitsstudie. https://www.tk.de/resource/blob/2033594/0-a69181d4341efc350dacc72d7da8c10/tk-job%2D%2Dund-gesundheitsstudie-data.pdf. Zugegriffen: 11. November 2020

Molinsky A (2016) If You're Not Outside Your Comfort Zone, You Won't Learn Anything. https://hbr.org/2016/07/if-youre-not-outside-your-comfort-zone-you-wont-learn-anything. Zugegriffen: 11. November 2020

Prossack A (2018) What You Can Do To Combat Negativity In The Workplace. https://www.forbes.com/sites/ashiraprossack1/2018/07/24/how-to-overcome-negativity-in-the-workplace/?sh=2db8c80541fe. Zugegriffen: 11. November 2020

Spreitzer G M (2020) Quinn, Robert E.: The Paradoxical Mind that Inspires Positive Change. In: Szabla D. (Hrsg.) The Palgrave Handbook of Organizational Change Thinkers. Palgrave Macmillan, Cham. doi: 10.1007/978-3-319-49820-1_54-2

University of Southern California (2017) Discouraging Negativity in the Workplace. https://appliedpsychologydegree.usc.edu/blog/discouraging-negativity-in-the-workplace/.   Zugegriffen: 11. November 2020

Kapitel 11: Zurück in die Zukunft

Deutschland kann auf die großen Qualitäten bauen, die seine Wirtschaft in der Vergangenheit erfolgreich gemacht und damit die Brücken in ein starkes Morgen gebaut haben.

Was wir tun müssen, damit uns das wieder gelingt: Reflektieren, umdenken und umsetzen. Das meint erstens unsere alten Qualitäten zukunftsfähig transformieren. Zweitens unsere Kompetenzen um diejenigen erweitern, die in der neuen Welt nötig sind. Und drittens braucht es ein neues Gefühl für Geschwindigkeit und für den richtigen Zeitpunkt.

© Der/die Autor(en), exklusiv lizenziert durch Springer-Verlag GmbH, DE, ein Teil von Springer Nature 2021
A. Ternès, *Ferngesteuert?!*, https://doi.org/10.1007/978-3-662-62971-0_11

Übersicht

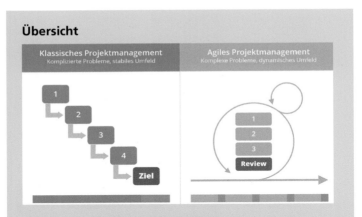

Die Welt und damit die Märkte sind heute schnelllebiger und dynamischer als noch vor einigen Jahren. Das führt zu einer Veränderung der Vorgehensweise bei Projekten (s. Abbildung oben: Klassisches und agiles Projektmanagement im Vergleich (proagile.de 2017)). Während damals noch ein konkretes Endergebnis definiert war, auf das linear hingearbeitet wurde, arbeitet man heute in Iterationen. Das heißt, es wird regelmäßig reflektiert, ob die Anforderungen und Priorisierung im Projekt noch angemessen ist – falls nicht, kann frühzeitig reagiert werden. Zudem wird der Kunde während des Entstehens aktiv in den Gestaltungs- und Produktionsprozess eingebunden. So kann gewährleistet werden, dass sich der Kunde beim Produkt wiederfindet bzw. sich damit identifiziert und sich damit nachhaltig verbunden fühlt.

Transformation

Wie diese Transformation von alten Qualitäten aussehen kann, will ich Ihnen am Beispiel der Disziplin erläutern:

Als diszipliniert galten Sie früher, wenn Sie – ohne mit der Wimper zu zucken – Anweisungen oder Befehlen anderer folgten oder auch grundsätzlich einen einmal eingeschlagenen Kurs geradlinig verfolgten. Wenn Sie sich weder durch eigene Befindlichkeiten oder widrige Umstände davon abhalten ließen, Ihr Ziel auf genau dem Weg zu erreichen, wie Sie ihn zu Beginn festgelegt hatten.

In die Zukunft übertragen bedeutet „diszipliniert sein", dass Sie ein Projekt so durchführen, ein Ziel so angehen, wie Sie es als sinnvoll und richtig erkannt haben. Dass Sie dranbleiben, auch wenn es mal nicht gut läuft. Dass Sie dabei mutig vorangehen, Hindernisse hinterfragen, bei Herausforderungen neue Wege suchen und dabei immer bewusst das Ziel vor Augen haben. Es bedeutet aber auch, dass man das eigene Ego hintenanstellt, flexibel bleibt und für Anregungen von außen offen ist.

An der Transformation von „Disziplin" sehen Sie, was der wichtigste Unterschied ist zwischen den Qualitäten in der Welt von gestern und der von morgen: Aus den extrinsisch gesteuerten Kompetenzen werden intrinsische, aus dem geplanten Weg wird der flexible Weg zum geplanten Ziel.

> Aus extrinsisch gesteuerten Kompetenzen werden intrinsische.

Wir warten nicht mehr darauf, dass eine Motivation von außen kommt, sondern wir nehmen unsere Verantwortung für uns selbst an.

Dabei kommen zu den traditionellen transformierten Qualitäten weitere Kompetenzen hinzu. Welche das sind, haben mein Team und ich auf der Grundlage von verschiedenen Studien zusammengetragen.

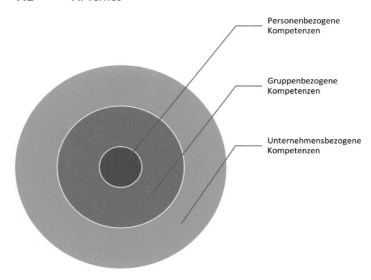

Personenbezogene
Kompetenzen

Gruppenbezogene
Kompetenzen

Unternehmensbezogene
Kompetenzen

Abb.: Ebenen von Zukunftskompetenzen. (Ternès von Hattburg 2019)

Erweiterung

Diese Zukunftskompetenzen haben wir nach drei Ebenen (vgl. Abb.: Ebenen von Zukunftskompetenzen) gegliedert. Für alle drei will ich Ihnen Beispiele geben.

Das ist zunächst die *Ich-Ebene*: Dort finden Sie unter anderem die Werteorientierung, die Fähigkeit, Fehler als Chance sehen und das Selbststeuerungsvermögen.

Auf der *Wir-Ebene* liegt soziale Intelligenz, die Kompetenz, Konflikte konstruktiv zu leben und Netzwerke zu knüpfen.

> Selbstverantwortung spielt über alle Kompetenzen hinweg eine ausschlaggebende Rolle.

Und auf der *Unternehmens-Ebene* stehen vor allem die Anforderungen an das Leadership zentral: Führungskräfte der Zukunft wissen ihre Mitarbeiter mitzunehmen und ihnen Verantwortung zu übertragen. Sie führen agil und mehr als Coach, Servant Leader im Sinne eines Scrum Masters aus der Sprache der Agilität, statt als Chef alter Schule.

Sie erkennen sicher die Gemeinsamkeit bei all diesen Kompetenzen: Keine von diesen können Sie jemandem verordnen, jeder muss sie aus sich heraus selbst entwickeln wollen. Und so spielt die Selbstverantwortung über alle Kompetenzen hinweg eine ausschlaggebende Rolle.

Alle Ebenen bündeln sich im Zentrum übrigens bei der Fähigkeit, lebenslang zu lernen. Diese ist wiederum eng verknüpft mit einer zukunftsorientierten Grundhaltung.

Diese innere Haltung ist über die Kompetenzen hinaus in meinen Augen die wichtigste Voraussetzung überhaupt, um Zukunft erfolgreich gestalten zu können: Es ist die beständige, reflektierte und proaktive Veränderungsbereitschaft.

Fazit

Um wieder auf den Weg in ein starkes Morgen zu gelangen, müssen wir reflektieren, umdenken und umsetzen. Das heißt: nicht mehr wie bisher weitermachen, weil es schon immer so war, sondern Prozesse und Qualitäten an die Anforderungen der Welt von heute anpassen. Und darüber hinaus Zukunftskompetenzen fordern und fördern – auf individueller, Team- und Unternehmensebene.

Übersicht

- 57 % der Arbeitnehmer fühlen sich nicht bereit für die neue Arbeitswelt (randstad 2020).
- 52 % der Arbeitnehmer sind der Meinung, dass ihr Arbeitgeber mehr in die Entwicklung digitaler Kompetenzen investieren sollte (randstad 2020).
- Die meistgefragten Soft Skills bei Fachkräften sind Kritikfähigkeit mit 77 %, Entscheidungsfähigkeit mit 74 %, Gesprächs- und Verhandlungsführung mit 73 % und Team- und Mitarbeiterführungskompetenz mit 70 % (Bitkom Research 2017).
- Die Bedeutung von allgemeiner Digitalkompetenz von Führungskräften hat von 2015 bis 2017 um 13,9 Prozentpunkte zugenommen (Bitkom Research 2017).

Literatur

Bitkom Research (2017) Skills Gap Research 2017. https://business.linkedin.com/content/dam/me/business/de-de/talent-solutions/cx/2017/images/infographics/linkedin_skills_gap_research.pdf. Zugegriffen: 03. Dezember 2020

proagile.de (2017) Klassisch versus Agil. https://proagile.de/unterschied-klassisch-agil/. Zugegriffen: 03. Dezember 2020

randstad (2020) Arbeitnehmer nicht bereit für neue Arbeitswelt. https://www.randstad.de/ueber-randstad/presse/qualifizierung/arbeitnehmer-nicht-bereit-fuer-neue-arbeitswelt/. Zugegriffen: 11. November 2020

Ternès von Hattburg A (2019) Zukunftskompetenzen. https://wirtschaftslexikon.gabler.de/definition/zukunftskompetenzen-121646. Zugegriffen: 03. Dezember 2020

Weiterfuhrende Literatur

Andrews J, Friday C (2019) How to understand the skills of the future. https://www.ey.com/en_au/future-of-work/how-dowe-know-what-the-skills-of-the-future-will-be. Zugegriffen: 11. November 2020

Bakhshi H, Downing J, Osborne M, Schneider P (2017) The Future of Skills: Employment in 2030. https://futureskills. pearson.com/research/assets/pdfs/media-pack.pdf. Zugegriffen: 11. November 2020

Bundesministerium für Bildung und Forschung (2016) Zukunft der Arbeit: Innovationen für die Arbeit von morgen. https:// www.bmbf.de/upload_filestore/pub/Zukunft_der_Arbeit. pdf. Zugegriffen: 11. November 2020

Lüneburg A (2020) Zukunftskompetenzen für die Arbeitswelt 4.0. In: Erfolgreich sein als Führungskraft in der Arbeitswelt 4.0. doi: https://doi.org/10.1007/978-3-658-28906-5_3

Nollau S (2017) Welche Kompetenzen verlangt die Berufswelt von morgen? https://www.it-business.de/welche-kompetenzen-verlangt-die-berufswelt-von-morgen-a-642170/. Zugegriffen: 03. Dezember 2020

PricewaterhouseCoopers (2019) Upskill my workforce for the digital world. https://www.pwc.com/gx/en/services/people-organisation/upskill-my-workforce-for-the-digital-world. html. Zugegriffen: 11. November 2020

Schleiter A, da Silva Zech G (2020) Policy Brief #2020/04: Digitale Kompetenzen – für Arbeitgeber immer wichtiger. https://www.bertelsmann-stiftung.de/de/publikationen/pu-blikation/did/policy-brief-202004-digitale-kompetenzen-fuer-arbeitgeber-immer-wichtiger-all. Zugegriffen: 11. November 2020

Steffen A (2019) New Work für und mit sich selbst. In: Menschen und Organisationen im Wandel. doi: https://doi.org/1 0.1007/978-3-662-58851-2_17

Kapitel 12: Einmalig – immer wieder

„Ich kann nichts anderes. Die Digitalisierung macht mir Angst. Alles geht immer schneller. Ich habe das Gefühl, nicht mehr mitzukommen. Und was ich kann, wird immer weniger gebraucht. Ich passe nicht mehr in diese Zeit mit dem, was ich kann." So sprach eine Frau mutlos zu mir, die sich die letzten 35 Jahre als Vorstandssekretärin immer wichtig gefühlt hatte und unersetzlich. Dass nun ihr Chef immer mehr Aufgaben von ihr übernahm und selbst erledigte – wie Texte per Siri diktierte und sie diese nun nur in Form bringen und von Fehlern bereinigen musste. Das fühlte sich für sie nicht gut an.

Veränderungen hat es in unserer Welt schon immer gegeben. Doch im Unterschied zu früher passieren sie heute immer schneller. Das rasante Tempo von Neuerungen und Innovationen wird sich in den nächsten Jahren ganz sicher nicht verlangsamen, das Gegenteil ist der Fall: Veränderungen prägen unser Leben immer mehr, ob wir wollen oder nicht. Entscheidend für unser Lebensglück, unsere

© Der/die Autor(en), exklusiv lizenziert durch Springer-Verlag GmbH, DE, ein Teil von Springer Nature 2021
A. Ternès, *Ferngesteuert?!*, https://doi.org/10.1007/978-3-662-62971-0_12

Lebenszufriedenheit wird sein, wie wir mit diesen Veränderungen umgehen – jeder Einzelne von uns und auch wir als Gesellschaft. Sind wir bereit, uns auf die Veränderungen einzulassen, sie zu gestalten und uns aktiv weiterzuentwickeln? Oder machen wir es uns weiter scheinbar bequem und überlassen es anderen, die Verantwortung zu übernehmen und Entscheidungen zu treffen, auch für und über uns und unsere Zukunft?

Ich glaube, wir stehen in Deutschland am Scheideweg. Wir können entweder an unserer Veränderungsbereitschaft arbeiten oder im Funktionieren verharren. Entweder selbst bestimmen oder uns steuern lassen. Entweder wieder zu neuer Stärke finden oder zulassen, dass wir, unsere Wirtschaft und unsere Gesellschaft immer weiter an Strahlkraft verlieren und wir uns von anderen abhängig machen.

Lassen Sie uns die Bereitschaft fördern, sich Veränderungen aktiv zu öffnen, nach Verbesserung zu streben und Verantwortung für uns und unsere Zukunft zu übernehmen. Unser Konzept von GetYourWings setzt darauf, dass jeder junge Mensch seine persönlichen, sozialen und digitalen Stärken entdeckt und lebt. Organisationen und Initiativen, die wichtige Arbeit machen und Ähnliches bei jungen Menschen anregen, gibt es in Deutschland einige, beispielsweise FREI DAY oder Schule im Aufbruch, RocketBiz, NFTE, um nur einige zu nennen. Es gibt auch immer mehr Schulen, vor allem Privatschulen, die ihr pädagogisches Konzept danach ausrichten, aus Schülern selbständige, kritisch und kreativ denkende Persönlichkeiten zu machen. Damit stärken wir genau diese Bereitschaft, das eigene Leben und die gemeinsame Zukunft zu gestalten.

Für echte Veränderung braucht es echte innere Bereitschaft. Und das darf wachsen.

Echte Veränderung braucht echte innere Bereitschaft.

Besonders stark

Wer sich nur gezwungenermaßen und widerstrebend anpasst, verbiegt sich. Und dann ist es nicht mehr weit zum Funktionieren. Aber bei den Kompetenzen, die wir für uns und für ein zukunftsfähiges Deutschland brauchen, geht es gerade nicht um ein Verbiegen. Es geht um Klarheit, Haltung und um Veränderungen im Rahmen unserer Einmaligkeit, auf der Basis unserer Stärken.

Die Einmaligkeit ist bei jedem vorhanden: Jeder hat Stärken, auf die er zählen und stolz sein kann. Ist er sich dieser Stärken bewusst, kann er sich gezielt entwickeln. Dann traut er sich etwas zu.

Oft begegnet mir der Einwand: „Wenn sich jeder als etwas Besonderes fühlt, dann möchte ja jeder der Boss sein und nichts geht mehr voran." Das sehe ich nicht so.

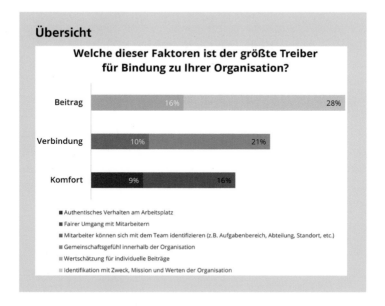

Übersicht

Welche dieser Faktoren ist der größte Treiber für Bindung zu Ihrer Organisation?

- Beitrag: 16% / 28%
- Verbindung: 10% / 21%
- Komfort: 9% / 16%

■ Authentisches Verhalten am Arbeitsplatz
■ Fairer Umgang mit Mitarbeitern
■ Mitarbeiter können sich mit dem Team identifizieren (z.B. Aufgabenbereich, Abteilung, Standort, etc.)
■ Gemeinschaftsgefühl innerhalb der Organisation
■ Wertschätzung für individuelle Beiträge
▦ Identifikation mit Zweck, Mission und Werten der Organisation

Verschiedene Faktoren tragen dazu bei, ob man sich als Teil eines Teams fühlt. Eine Deloitte-Studie hat ergeben: sich am Arbeitsplatz wohlzufühlen, ist für die meisten Arbeitnehmer nicht der schwerwiegendste Faktor (s. Abbildung oben: Faktoren zum Zugehörigkeitsgefühl in Organisationen. US-amerikanische Studie (Denny et al. 2020)). Das wichtigste Kriterium ist, einen Beitrag zu leisten. Das heißt, dass Arbeitnehmer sich für ihren individuellen Beitrag wertgeschätzt fühlen und sich mit dem Zweck, den Zielen und den Werten der Organisation identifizieren können.

Besonders gemeinsam

Es ist vielmehr so wie in Avengers-Kinofilmen, wie in der Fußballelf und wie im Orchester um unsere Einmaligkeit im Team. Die Protagonisten in den Avengers-Sci-Fi-Filmen sind durch die Bank Superhelden: Jeder von ihnen hat seine eigenen Superkräfte. Diese Superhelden agieren voneinander unabhängig und handeln auch selbstständig. Verlangt aber die Aufgabe ein Team und werden verschiedene Stärken gebraucht, um das Ziel zu erreichen, handeln sie gemeinsam. Jeder trägt mit seiner speziellen Superkraft zum Gelingen bei. Und natürlich siegen sie. Warum sollten wir das nicht auch können?

Natürlich sind wir alle keine Superhelden, das ist auch gar nicht nötig. Denn jeder von uns hat Stärken, die ihn einmalig machen, und die er in das gemeinschaftliche Handeln einbringen kann. So entsteht ein Team, das alle notwendigen Kompetenzen abdecken kann.

Jeder von uns hat Stärken, die ihn einmalig machen.

Übersicht

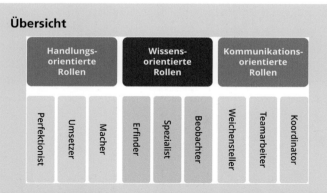

Die Stärke eines Teams liegt im Zusammenspiel der Stärken seiner Mitglieder (s. Abbildung oben: Neun Teamrollen nach Belbin (Mai 2010)). Deshalb sind meist die Gruppen am erfolgreichsten, die auf viele unterschiedliche Erfahrungen und Blickweisen zugreifen können. Auch die Teamdynamik selbst profitiert von vielfältigen Mitgliedern: wenn verschiedene Rollen im Team vertreten sind, geht es meist besser voran. Halten sich alle im Detail auf, aber niemand hat das große Ganze im Blick, ist das ein Problem – andersherum genauso. Deshalb ist es wichtig, Teams nach den persönlichen Stärken der Mitglieder auszuwählen.

Besonders anders

Die Fähigkeit und die Bereitschaft zur Weiterentwicklung sind wichtiger denn je. In Zukunft genügt es nicht, den Zustand der Einmaligkeit einmal erreicht zu haben: Da die äußeren Veränderungen immer weiter voranschreiten werden, zählt die Einmaligkeit von gestern nicht mehr. Das heißt: Um einmalig zu bleiben, muss jeder Einzelne und wir alle zusammen immer weiter und weiter daran arbeiten.

Deshalb sollten wir, sollte Deutschland, alles daransetzen, sich seiner Potenziale und Stärken bewusst zu werden und sie zu fördern. Dazu zählen der Mittelstand, Erfindergeist, ein Bildungssystem, das Vielfalt und Qualität fördert, eine soziale Marktwirtschaft, die Schwachen hilft, sich wiederaufzurichten, Regionalität und Nachhaltigkeit stärkt.

Fazit

Die Welt verändert sich schneller als je zuvor. Viele fühlen sich dadurch abgehängt, nutzlos, weil das, was sie gut können, scheinbar nicht mehr gebraucht wird. Dabei ist es gerade jetzt wichtig, seine eigenen Stärken zu erkennen und weiterzuentwickeln. Jeder hat seine individuellen Potenziale und Stärken. Tragen viele in der Gesellschaft mit dem bei, was sie besonders gut können, können wir viel bewegen und müssen uns dabei nicht verbiegen. Dazu ist es wichtig, den Mittelstand zu stärken, Gründertum und Bildung.

Übersicht

- 90% der Führungskräfte, aber nur 43% der Mitarbeiter sehen wirksame Zusammenarbeit in ihren Teams (manage it 2015).
- In 42% der Teams werden neue Ideen als unwillkommen betrachtet (Stepstone 2019).
- In 44% der Teams werden Fehler verschwiegen (Stepstone 2019).

Literatur

Denny B, Hauptmann M, Mallon D, Poynton S, Schwartz J, Van Durme Y, Volini E, Yan R (2020) Belonging: From comfort to connection to contribution. https://www2.deloitte.

com/us/en/insights/focus/human-capital-trends/2020/creating-a-culture-of-belonging.html. Zugegriffen: 11. November 2020

Mai J (2010) Belbin Teamrollen: Vielfalt statt Einfalt. https://karrierebibel.de/belbin-teamrollen/. Zugegriffen: 03. Dezember 2020.

manage it (2015) Top Skills für erfolgreiche Führungskräfte. https://ap-verlag.de/top-skills-fuer-erfolgreiche-fuehrungskraefte/13772/. Zugegriffen: 12. November 2020

StepStone (2019) Wie erfolgreich sind Teams am Arbeitsplatz? https://www.stepstone.de/wissen/wie-teamarbeit-funktioniert/. Zugegriffen: 11. November 2020

Weiterfuhrende Literatur

Deloitte (2020) Indstrie 4.0 Studie 2020: Zwischen Bereitschaft und Verantwortung. https://www2.deloitte.com/de/de/pages/innovation/contents/industrie-40-studie-bereit-fuer-den-wandel.html. Zugegriffen: 11. November 2020

Golob N, Ullrich M (2019) New Work und keiner geht hin. In Brommer D, Hockling S, Leopold A (Hrsg.) Faszination New Work: 50 Impulse für die neue Arbeitswelt. doi: https://doi.org/10.1007/978-3-658-24618-1_12

Haas M, Mortensen M (2016) The Secrets of Great Teamwork. https://hbr.org/2016/06/the-secrets-of-great-teamwork. Zugegriffen: 11. November 2020

Jäger J M, Görzig D, Paulus-Röhmer D, Schatton H, Baku S, Weskamp M, Lucke D (2015) Industrie 4.0 – Chancen und Perspektiven für Unternehmen der Metropolregion Rhein-Neckar. https://www.ipa.fraunhofer.de/content/dam/ipa/de/documents/Publikationen/Studien/Studie_Industrie_40_IHK_Fraunhofer_IPA.pdf. Zugegriffen: 11. November 2020

Pfau B N (2015) How an Accounting Firm Convinced Its Employees They Could Change the World. https://hbr.org/2015/10/how-an-accounting-firm-convinced-its-employees-they-could-change-the-world. Zugegriffen: 11. November 2020

Sniderman B, Monahan K, McDowell T, Blanton G (2017) How leaders can build a culture of responsibility in a digital age. https://www2.deloitte.com/us/en/insights/focus/industry-4-0/building-a-culture-of-responsibility.html. Zugegriffen: 11. November 2020

University of California Berkeley (o. D.) Steps to Building an Effective Team. https://hr.berkeley.edu/hr-network/central-guide-managing-hr/managing-hr/interaction/team-building/steps. Zugegriffen: 11. November 2020

Epilog: Menschenskinder!

Wenn Sie sich angesichts der Veränderungen um uns herum Sorgen um sich, um unsere Gesellschaft und um Deutschland machen, kann ich nur sagen: Diese Sorge teile ich.

Ich sorge mich nicht so sehr, weil die Veränderungen an sich uns bedrohen – ich halte uns in Deutschland für fähig, mit diesen Veränderungen umzugehen.

Ich sorge mich deshalb, weil zu viele in diesem Land sich nicht dafür entscheiden können, Verantwortung zu übernehmen und zu handeln. Wir sind zu bequem! Wir lassen uns treiben. So als würden wir darauf warten, dass jemand das Steuer in die Hand nimmt und uns nach Belieben steuert wie Maschinen. Das ist es, woraus die Bedrohung erwächst: aus uns selbst für jeden Einzelnen, für unsere Wirtschaft und für unsere Gesellschaft.

Dabei sind wir, wie der Rapper Dendemann es formuliert, alle Menschenskinder und keine Menschinen.

© Der/die Herausgeber bzw. der/die Autor(en), exklusiv lizenziert durch **125** Springer-Verlag GmbH, DE, ein Teil von Springer Nature 2021
A. Ternès, *Ferngesteuert?!*, https://doi.org/10.1007/978-3-662-62971-0

Keiner muss auf Anweisungen warten, um sein Leben in die Hand zu nehmen, um seine Stärken zu erkennen und sie einzusetzen. Und keiner muss darauf warten, bis irgendwelche „anderen" in Gang kommen – weder die „da oben" noch die „da unten". Jeder kann seine Entscheidung *jetzt* treffen. Wirklich: Jetzt! Denn noch ist Zeit.

Noch haben wir alles, was wir brauchen, um das Ruder in die Hand zu nehmen, loszugehen und mitzugestalten. Wir können sowohl uns selbst als auch Deutschland wieder dahin bringen, wo es seinen Platz haben könnte. Als ein Land in der Welt, zu dem man aufschaut – für seine Bildung, für seinen Mittelstand, seine Nachhaltigkeit, seine Erfindungen und seine Vielfalt.

Jeder kann sich auf den Weg machen. Eine Bewegung entsteht aus Bewegung. Und wer sollte mit dieser Bewegung beginnen, wenn nicht Sie und ich? Gehen Sie mutig Ihre nächsten Schritte. Gerade jetzt.

Printed by Printforce, the Netherlands